新学習指導要領対応

小学 **4** 年生

学校でも、家庭でも
教科書レベルの力がつく！

国語

習熟プリント
大判サイズ

学力の基礎をきたえどの子も伸ばす研究会

桝谷 雄三 著 **金井 敬之** 編

これなら
できた！

清風堂書店

はじめに

本書は、発売以来三十年以上も学校や家庭で支持され、歴史を積み重ねてきました。

それは、「勉強に苦手意識のある子どもの学習を助けたい。」という私たちの願いを皆様に感じ取っていただけたからだと思います。

今回の改訂では、より子どもの学習の質を高める特長を追加しました。

変わらない特長

○通常のステップよりも、さらに細かくスモールステップにする。

○大事なところは、くり返し練習して習熟できるようにする。

○随所に、子どもの意欲・自己肯定感を伸ばす「ほめる・はげます言葉」

○教科書レベルの力がどの子にも身につくようにする。

新しい特長

○読みやすさ、わかりやすさを考えた「太めの手書き風文字」にする。

○解答は、本文を縮小し、答えのみ赤字で表した「答え合わせがしやすい解答」にする。

○学校でコピーする際に便利な「消えるページ番号」
（※本書の「教育目的」や「私的使用の範囲」以外での印刷・複製は、著作権侵害にあたりますのでおやめください。）

小学校の国語科は、学校で使用する教科書によって、進度・内容が変わります。

そこで本書では、前述の特長を生かし、どの子にも力がつく学習ができるように工夫をしました。

まず、「文字学習」「語彙学習」「文法学習」「読解学習」といった幅広い学習内容に対応し、子ども一人一人の目的に合わせた学習を可能にしました。

また、ポイントの押さえ方がわかる構成と、基本に忠実で着実に学力をつけられる問題で、苦手な子でも自分の力で取り組めるようにしています。

文章を「読む力」「書く力」は、どんな時代でも必要とされる力です。

本書が、子どもたちの学力育成と、「わかった！」「できた！」と笑顔になる一助になれば幸いです。

この ページで学習する内容を表します。学習した月日、名前を書きましょう。

ほめる・はげます言葉

白黒コピーでページ番号が消えます。

ワンポイントアドバイスつき！

解答は、問題が白黒、答えが赤字だから、答え合わせが一目でわかる。○つけがカンタン！

国語習熟プリント四年生 もくじ

送りがな①

名前

月　日

① 次の漢字の送りがなで、正しいものを選んで、○をつけましょう。

① 固
- 固ためる
- 固める
- 固る

② 働
- 働たらく
- 働らく
- 働く

③ 散
- 散らかす
- 散かす
- 散す

④ 試
- 試ろみる
- 試みる
- 試る

⑤ 治
- 治さめる
- 治める
- 治る

⑥ 幸
- 幸あわせ
- 幸わせ
- 幸せ

② 次の漢字の送りがなで、正しい方を選んで、○でかこみましょう。

① 生（はえる）
- える
- る

② 覚（おぼえる）
- える
- る

③ 改（あらためる）
- める
- る

④ 浴（あびる）
- る
- びる

⑤ 願（ねがう）
- う
- がう

⑥ 止（とめる）
- る
- める

⑦ 残（のこす）
- す
- こす

⑧ 戦（たたかう）
- う
- かう

⑨ 包（つつむ）
- む
- つむ

⑩ 老（おいる）
- いる
- る

⑪ 満（みちる）
- る
- ちる

⑫ 変（かわる）
- る
- わる

⑬ 付（つける）
- ける
- る

⑭ 唱（となえる）
- る
- える

⑮ 栄（さかえる）
- る
- える

③ 送りがなのちがいに注意して、——の漢字に読みがなを書きましょう。

① 苦い薬を飲む。（　　　）　苦しい時もがんばろう。（　　　）

② 野球チームに入る。（　　　）　ボールをゴールに入れる。（　　　）

③ 細い道を走った。（　　　）　細かいすなをすくった。（　　　）

④ 少しだけ残した。（　　　）　少ない水しか残っていない。（　　　）

⑤ 雨が上がった。（　　　）　坂を上って行く。（　　　）

ガンバレ
ガンバレ♪

① 次の──の言葉の送りがなを書きましょう。

① はじめての朝。
　初（　　）

② 名をつらねる。
　連（　　）

③ 友達をたすける。
　助（　　）

④ お湯をさます。
　冷（　　）

⑤ 町がさかえる。
　栄（　　）

⑥ コマをまわす。
　回（　　）

⑦ いさましい人。
　勇（　　）

⑧ ねだんがやすい。
　安（　　）

⑨ しずかにする。
　静（　　）

⑩ ながいひも。
　長（　　）

⑪ まったく知らない。
　全（　　）

⑫ 家にかえる。
　帰（　　）

⑬ もっとも近い。
　最（　　）

⑭ くわえる。
　加（　　）

② （　　）に合う送りがなを書きましょう。

① 努める
　努（　　）める
　努（　　）ば
　努（　　）よう。

② 美しい
　美（　　）美しい
　美（　　）なる。
　美（　　）かった。

③ 次のかなづかいで、正しい方を選んで、○をつけましょう。

① （　　）かんづめ
　（　　）かんずめ

② （　　）はなじ
　（　　）はなぢ

③ （　　）ぢしゃく
　（　　）じしゃく

④ （　　）あいず
　（　　）あいづ

⑤ （　　）おおどおり
　（　　）おうどおり

⑥ （　　）こおろぎ
　（　　）こうろぎ

⑦ （　　）おとおさん
　（　　）おとうさん

⑧ （　　）とおだい
　（　　）とうだい

⑨ （　　）ちぢれる
　（　　）ちじれる

⑩ （　　）いきよい
　（　　）いきおい

⑪ （　　）こずつみ
　（　　）こづつみ

⑫ （　　）とおい
　（　　）とうい

いろいろな言葉の使い方

名前　　　　　　　月　　　日

①　次の——の言葉を、ていねいな言い方にかえましょう。

① ぼくは、昨日（きのう）、サッカーの試合（しあい）で勝った。（　　　）

② わたしは、昨日、お母さんに本を買ってもらった。（　　　）

③ そのバナナ、ぼくが食べようと思っていた。（　　　）

④ わたしが道で転んだとき、先生が来てくれた。（　　　）

②　次の赤ちゃんことばの意味を、　　　から選んで（えらんで）、記号で書きましょう。

```
ア おなか　イ 犬　ウ ごはん　エ 足　オ 車
```

① あんよ（　　　）　② ワンワン（　　　）　③ ブーブー（　　　）　④ まんま（　　　）　⑤ ポンポン（　　　）

③　次の——の言葉は、全国各地（かくち）の言葉です。共通語（きょうつうご）にするとどんな意味になりますか。　　　から選んで、記号を書きましょう。

① 空港に下りると、笑顔（えがお）で「めんそーれー」と言われた。（　　　）

② 今日から二月で、外はなまら寒かった。（　　　）

③ 「あ！山田さん、やっとかめだねえ。」（　　　）

④ ボールが急にとんできて、本当におぶけた。（　　　）

⑤ 「これ、あげるよ。」「おおきに！」（　　　）

```
ア ありがとう　イ とても　ウ おどろいた　エ ひさしぶり　オ いらっしゃい
```

ファイト

④　次の言葉は、会話のときなどにくだけた言い方でよく使います。例（れい）にならって、くだけた言い方にかえましょう。

〈例〉 母（お母さん）

① 父（　　　）　② 祖母（そぼ）（　　　さん）　③ 姉（　　　さん）

④ 教師（　　　）　⑤ 医師（　　　さん）　⑥ 明日（みょうにち）（　　　）

⑦ 食事（　　　）　⑧ おどろく（　　　）　⑨ 話す（　　　）

慣用句（きまったいいかた）①

名前

月　日

慣用句とは、いくつかの言葉が結びついて、ある決まった意味を表す言葉です。

① 次の文の意味を　　　から選んで、記号を書きましょう。

① 目を丸くする（　）
② 目を光らす（　）
③ 目がとどく（　）
④ 目にもとまらぬ（　）
⑤ 目も当てられない（　）
⑥ 目のかたき（　）

ア 注意がいきとどく
イ おどろいて目を見開く
ウ きびしく見はる
エ なにかにつけて、にくいと思う
オ ひどくて見るにたえない
カ とても速くてはっきり見えない

② （　）に合う言葉を　　　から選んで、書きましょう。

① （　）がたたない…かなわない
② （　）がいたい…弱点をつかれてつらい
③ （　）をつぐむ…だまってしまう
④ （　）をこらす…じっと見つめる
⑤ （　）がいい…歌声がよい
⑥ （　）を運ぶ…わざわざ出かける
⑦ （　）を入れる…ひいきする
⑧ （　）をやく…どうすることもできない

口　足　歯　鼻　目　手　耳　のど　かた

③ 次の慣用句の意味で正しいものを、線で結びましょう。

① 手をかす　　　　・　　　・ おいしいと感じる
② …に目がない　　・　　　・ たまたま聞く
③ 耳にする　　　　・　　　・ 知り合いが多い
④ 顔がひろい　　　・　　　・ 手伝う
⑤ 口にあう　　　　・　　　・ とてもすきだ

 もうすこしだよ！

名前

月　日

① 次の慣用句の意味を □ から選んで、記号を書きましょう。

① 顔をつぶす ……（　）　　② 足をあらう ……（　）

③ 鼻であしらう ……（　）　④ うでが上がる ……（　）

⑤ 手がかかる ……（　）　　⑥ むねがいたむ ……（　）

⑦ 首をつっこむ ……（　）　⑧ 目にあまる ……（　）

```
ア 世話がやける    イ はじをかかす    ウ 見ておれない    エ 関係する
オ いいかげんにあつかう    カ とても心配する    キ 上手になる    ク やめる
```

② 次の言葉を見て、正しい慣用句になる方を選んで、○でかこみましょう。

① 後の（　しまつ　まつり　）

② ほねを（　おる　のばす　）

③ さじを（　つかむ　なげる　）

④ はらが（　くろい　いたい　）

⑤ 口が（　ちいさい　かたい　）

⑥ 水に（　ながす　うかぶ　）

⑦ 油を（　とる　うる　）

③ 次の慣用句の意味で正しいものを、線で結びましょう。

① かたで風をきる　　・　　・　そんけいする

② 頭が下がる　　・　　・　口数がすくない

③ 口が重い　　・　　・　人の意見をきく

④ 耳をかす　　・　　・　いばって歩く

⑤ こしが低い　　・　　・　いばらないで、たい度がていねいである

⑥ 首を長くする　　・　　・　いいかげんにする

⑦ むねがつぶれる　　・　　・　関心がない

⑧ 目もくれない　　・　　・　待ちこがれる

⑨ 手をぬく　　・　　・　ひどく悲しむ

がんばったね

名前

月　日

① 次の（　）に合う慣用句を┊┄┄┊から選んで、記号を書きましょう。

① 友達が集まって（　　）。

② 自転車にぶつかりそうになり、はっと（　　）。

③ おじいさんから、その話は（　　）ほど何度も聞いた。

④ 毎日、練習をくり返したので（　　）。

⑤ 妹が、約束をやぶったので（　　）。

⑥ そんな作り話は、おかしくって（　　）よ。

⑦ 家の戸じまりをしないで、どろぼうに入られても（　　）。

⑧ この問題集からテストに出るとは（　　）。

┊┄┄┄┄┄┄┄┄┄┄┄┄┄┄┄┄┄┄┄┊
ア 耳にたこができる　　イ 息をのんだ　　ウ うでをあげた　　エ はらをたてた

オ 話に花がさいた　　カ へそで茶をわかす　　キ 耳よりな話だ　　ク 後のまつりだ
┊┄┄┄┄┄┄┄┄┄┄┄┄┄┄┄┄┄┄┄┊

② 次の慣用句を見て、正しい意味の方を選んで、○をつけましょう。

① 「歯がうく」
（　）見えすいたほめ言葉は、歯がうく思いだ。
（　）むし歯がなかなか治らないので、歯がうく。

② 「手をぬく」
（　）いそがしさが続いて、練習の手をぬく。
（　）友達にうらぎられたので、手をぬく。

③ 「口が軽い」
（　）口が軽い人は、きらわれる。
（　）すっかりごちそうになったので、口が軽い。

④ 「むねをなでおろす」
（　）ごちそうを食べすぎて、むねをなでおろす。
（　）まい子の知り合いが発見されて、むねをなでおろす。

きっと　できるよ！

熟語の組み立て①

名前

月　日

① 次の意味に合う熟語になるように、漢字を … から選んで、書きましょう。

① はたらき。ほねおりのこと。
（　）力

② うでまえ。本当の力。
（　）力

③ もっているすべての力。
（　）力

④ 物事をなしとげる力。
（　）力

⑤ 力をこめて作った作品
（　）力

⑥ 強く主ちょうすること
（　）力

⑦ 物事をなしとげていく
気持ちの力
（　）力

⑧ 仕事や病気などにたえる
体ののう力
（　）力

作　量　労　全　気　説　実　体

② 次の——線の漢字の読みがなで正しいものを選んで、〇でかこみましょう。

① 妹の好きな果物は、バナナだ。
（ かいもの　おやつ　くだもの ）

② 姉は、ゆかたを上手に着る。
（ うわて　じょうず　かみて ）

③ 兄は、八百屋でアルバイトをしている。
（ はっぴゃくや　やおや　こめや ）

④ なっ豆は、大豆を原料にして作る。
（ なっとう　おおまめ　あずき ）

⑤ この土地の持ち主はだれですか。
（ じぬし　もちしゅ　もちぬし ）

 もうひといき！

10

熟語の組み立て②

名前

① 次の □ に「コウ」と読む漢字を書いて、二字の熟語（じゅくご）を作りましょう。（　）の言葉は、その字の意味を表しています。

① □ 意（すき）

② 歩 □（いく）

③ 学 □（まなびや）

④ □ 園（おおやけ）

⑤ □ 福（さいわい）

⑥ 参 □（かんがえる）

⑦ □ 事（物を作る）

⑧ 方 □（むき）

⑨ 漁（ぎょ） □（みなと）

⑩ 電 □（ひかり）

② 次の熟語の読みの組み合わせで、正しいものを ┈┈ から選んで、記号を書きましょう。

① 雨具（　　）　　② 速達（そくたつ）（　　）　　③ 機会（きかい）（　　）

④ 筆箱（　　）　　⑤ 先手（　　）　　⑥ 遠浅（とおあさ）（　　）

⑦ 都市（　　）　　⑧ 道順（みちじゅん）（　　）　　⑨ 古本（　　）

⑩ 旅路（　　）　　⑪ 音楽（　　）　　⑫ 西日（　　）

┌─────────────┐
│ ア　音・音（算数）
│ イ　訓（くん）・訓（花屋）
│ ウ　音・訓（台所）
│ エ　訓・音（指図）
└─────────────┘

③ 次の漢字を使って、例（れい）のように三文字の熟語を作りましょう。

〈例〉
① 者………（科学者）

② 家………（彫刻家）（ちょうこく）

③ 所………（発電所）

④ 館………（美術館）（びじゅつ）

① 者　　　　　者　　　　　者

② 家　　　　　家　　　　　家

③ 所　　　　　所　　　　　所

④ 館　　　　　館　　　　　館

ていねいに書けたかな！

11

熟語の組み立て③

① 次の意味に合う漢字を　　　から選んで、熟語を作りましょう。

(1) 反対の意味の漢字で作る熟語

① 勝 □

② 高 □

③ □ 始

④ □ 長

終	短
負	低 (てい)

(2) 意味のにている漢字で作る熟語

① 家 □

② 付 (ふ) □

③ 生 □

④ 学 □

産	屋
着	習

② 次の熟語の意味を、例のように漢字の訓読み (くんよ) で書きましょう。

《例》 歩道（歩く道）

① 新品（　　　　　）

② 食物（　　　　　）

③ 登山（　　　　　）

④ 休日（　　　　　）

⑤ 強国（　　　　　）

⑥ 乗車（　　　　　）

③ 次のように読む熟語を、漢字で書きましょう。

① タイリョウ
　ア 今日 (きょう) はイカが（　　　）だ。
　イ（　　　）の血が出た。

② キョウリョク
　ア（　　　）なじ石 (しゃく) だ。
　イ 君に（　　　）するよ。

③ シシャ
　ア 外国からの（　　　）。
　イ 映画 (えいが) の（　　　）会。

④ ジシン
　ア 自分（　　　）で考えなさい。
　イ（　　　）をもって答えた。

⑤ カンシン
　ア いまどき（　　　）な子だ。
　イ 政治 (せいじ) の世界に（　　　）をもった。

⑥ キョウダイ
　ア 兄と弟で（　　　）です。
　イ 母が（　　　）を買った。

文末の表し方①

名前

月　日

① 次の文に合う言葉を ┈┈ から選んで、書きましょう。

① ぼくは、お皿をわって＿＿＿＿。

② きのうに、いなかのおじいさんが帰って＿＿＿＿。

③ いつも、お母さんに朝ごはんを作って＿＿＿＿。

④ 答えに自信がなかったが、黒板に書いて＿＿＿＿。

⑤ 明日、本読みが当たるので、今、読んで＿＿＿＿。

```
いる
しまった
みた
もらう
いった
```

② 次の文の表している意味を ┈┈ から選んで、記号を書きましょう。

(1) 本を読む

① 本を読んであった。□

② 本を読んでおく。□

③ 本を読んでやる。□

④ 本を読んでしまった。□

```
ア　すでに準備をしているようす
イ　ためしにするようす
ウ　相手にしてあげるようす
エ　することがおわったようす
```

(2) 兄が走る

① 兄が走っている。□

② 兄が走ってみる。□

③ 兄が走ってくる。□

④ 兄が走っていく。□

```
ア　遠のいていくようす
イ　ためしにするようす
ウ　近づいているようす
エ　動きやありさまが、続いているようす
```

「本を読む」「兄が走る」の文末をかえているよ。

文末の表し方 ②

① 次の文末が表す意味を □ から選んで、記号を書きましょう。

① 赤ちゃんが、今にも泣きそうだ。

② おじいさんが百才でなくなったそうだ。

③ その試合は、七時ぐらいに終わるだろう。

④ その本は、おもしろいそうだ。

⑤ 今度の遠足は、動物園だ。

⑥ 明日は発表だ。君は調べておくべきだよ。

⑦ このミカンはきっとおいしいだろう。

⑧ 二学期になると、転校生が来るらしい。

⑨ となりのクラスは、いつも楽しそうだ。

```
ア 言い切っている
イ 相手にはっきりしめす
ウ おしはかって、
　　はっきりしない
エ だれかから聞いた
オ ようすをあらわす
```

② 文末には、いろいろな表し方があります。次の文の「か」の意味を □ から選んで、記号を書きましょう。

① この本はだれの本ですか。

② あなたもいっしょに行きませんか。

③ さて、本当にそうなのだろうか。

④ こんなことで、泣くやつがあるか。

⑤ 乗るべきか、下りるべきか。

⑥ 満員だが、席にすわれるのだろうか。

⑦ 人気の音楽を聞いてみませんか。

⑧ 転校生の名前はなんといいますか。

⑨ スカートにしようか、ズボンにしようか。

```
ア 問いかけている
イ うたがっている
ウ 強めている
エ さそいかけている
オ どちらか考えている
```

人やものの動き、状態（じょうたい）の変化（へんか）、存在（そんざい）を表す言葉を、動詞（どうし）（うごきことば）といいます。

ア 人やものの動き
・山に登る。
・風車が回転する。

イ 人やものの状態の変化
・体がひえる。
・空が晴れる。

ウ 人やものの存在
・そこに人がいる。
・前に花びんがある。

① 次の言葉の中から動詞を選んで、〇でかこみましょう。

① かわいい　② 遠い　③ 見る　④ すわる　⑤ 赤い

⑥ 歩く　⑦ とぶ　⑧ 大きい　⑨ きれいな　⑩ 取る

⑪ 食べる　⑫ 細い　⑬ はやい　⑭ おかしい　⑮ 歌う

② 次の――の動詞が表すものを から選んで、記号を書きましょう。

① 犬が走る。
② タオルがかわく。
③ たぬきが住んでおる。
④ 海でおよぐ。
⑤ お湯がわく。
⑥ うさぎがはねる。
⑦ ゴムがのびた。
⑧ 人がいた。
⑨ 山に行く。
⑩ お茶を飲む。

ア 人やものの動き
イ 人やものの状態の変化
ウ 人やものの存在

③ 次の文から、動詞を九つ見つけて線を引きましょう。

十一月十二日。今日はお母さんのたん生日。妹と、プレゼントをあげることにした。それと、夕食を妹と二人で作ることにした。プレゼントはビーズのネックレスで、夕食はカレーライスとサラダに決まった。わたしがカレーライスで、妹がサラダを作るんだけど、うまくできるかなあ。お母さんのよろこぶ顔を見るのが楽しみだ。

動詞（どうし）は、いろいろな形にかえて使います。

ア 見る　イ 見ない　ウ 見ます
エ 見れば　オ 見ろ　カ 見よう

① 次の動詞を、右のように形をかえて書きましょう。

ア
さがす
｜
イ（　）ウ（　）エ（　）オ（　）カ（　）

ア 見る
イ 見ない
ウ 見ます
エ 見れば
オ 見ろ
カ 見よう

②
ア
起きる
｜
イ（　）ウ（　）エ（　）オ（　）カ（　）

② 次の文に合うように動詞の形をかえて書きましょう。

ア
さがす

イ ちこくするので、ハンカチは（　）。
ウ お母さんにプレゼントするハンカチを（　）。
エ ハンカチは、引き出しを（　）あるはずだよ。
オ 買ったばかりのハンカチをなくしたのか。
カ そんなに大切なハンカチなら、いっしょに（　）。

ア
起きる
（イ～カの順（じゅん）ではありません）

① 明日（あす）はラジオ体そうだ。みんなで六時に（　）。
② ラジオ体そうの日は、いつも六時に（　）、ラジオ体そうに行けるよ。
③ 六時に（　）
④ かぜをひいたので、六時には（　）。
⑤ もう七時だ！（　）。

動詞（うごきことば）③

名前

月　日

① 次の動詞を、例のように形をかえて書きましょう。

《例》 歩く
　ア　お母さんは、昨日スーパーまで 歩いた 。
　イ　お母さんは、スーパーが休みの日は 歩かない 。
　ウ　お母さんは、ぼくとスーパーまで 歩こう と言った。

① 書く
　ア　ぼくは、夏休みに毎日絵日記を（　　　）。
　イ　ぼくは、絵日記は毎日は（　　　）。
　ウ　ぼくは、毎朝絵日記を（　　　）と思った。

② 消す
　ア　花火の火を、すぐ（　　　）。
　イ　花火の火を、お兄ちゃんはすぐ（　　　）。
　ウ　花火の火を、すぐに（　　　）としないので注意した。

② 次の □ に合う動詞を選んで、〇をしましょう。

① 今日、先生に □ 。
　（ほめる　ほめた　ほめられた）

② 兄は水泳部なので、速く □ はずだ。
　（泳ぐ　泳げる　泳がされる）

③ けんかして兄に □ 。
　（泣いた　泣けた　泣かされた）

③ 次の文の動詞を、例のように形をかえて書きましょう。

《例》 おとなりのピーターさんは、英語を 話す 。　ア 話すことができる　イ 話せる

① 妹は、わたしよりうまくピアノを ひく 。　ア（　　）　イ（　　）

② トラックは、重い荷物を 運ぶ 。　ア（　　）　イ（　　）

③ 四年生の弟は、料理を 作る 。　ア（　　）　イ（　　）

ガンバレ♪ガンバレ

17

動詞（うごきことば）④

名前

月　日

①

次の □ の動詞（どうし）を、例（れい）のように文に合うように形をかえて書きましょう。

《例》 お父さんは、きのうステーキを 食べる 。 → （食べた）

① きのう、お父さんがかさをわすれたので、駅までむかえに 行く 。 → （　）

② お母さんに たのむ 、プラモデルを 買う もらった。 → （　）（　）

③ 台風が 近づく ので、雨と風が強くなってきた。 → （　）

④ たなの上に ある クッキーが、もうない。 → （　）

⑤ わたしが こぼす 牛にゅうが、教室のゆかに広がった。 → （　）（　）

②

次の文を読んで、後の問いに答えましょう。

今、アラスカは春です。ねむっていた動物たちはいっせいに目をさまします。ハイイログマ、ドールシープ、アラスカンムース、アカリス、ホッキョクギツネ。ほかにもたくさんいます。巣穴（すあな）から出てきた子どもたちが、春の温かさの中で遊びます。しかし、動物たちばかりではありません。たくさんの植物も花をさかせます。むらさきやオレンジ、赤などの色がまるで花の海のように広がります。

(1) 右の文から動詞を八つさがして、形をかえず書きましょう。

① （　）　② （　）　③ （　）　④ （　）

⑤ （　）　⑥ （　）　⑦ （　）　⑧ （　）

(2) (1)で書いた動詞を、き本の形にして書きましょう。

① （　）　② （　）　③ （　）　④ （　）

⑤ （　）　⑥ （　）　⑦ （　）　⑧ （　）

形容詞（ようすことば）①

月　日

「青い海」「雨がはげしい」「力が強い」などのように、人やものの状態や性質を表す言葉を、形容詞（ようすことば）といいます。言い切りの形は「〜い」で終わります。

① 次の（　）に合う形容詞を ┆ ┆ から選んで、書きましょう。

① このオレンジジュースは（　　　）。

② せみの鳴き声がとても（　　　）。

③ チョウのたまごは、すぐわからないくらい（　　　）。

④ 今日はたん生日なので、とても（　　　）。

┆小さい
┆うれしい
┆うるさい
┆あまい┆

② 次の言葉の中から形容詞を選んで、○をつけましょう。

① つづく（　）　② おいしい（　）　③ 黒い（　）　④ にげる（　）
⑤ かがやき（　）　⑥ かるい（　）　⑦ 無い（　）　⑧ 高い（　）

③ 次の文から形容詞を七つさがして、形をかえず書きましょう。

あなたは、冬の星ざを見たことがありますか。
寒い冬、夜空に光る星は、とても美しいものです。代表的な星ざには、赤いベテルギウスと、青白いリゲルを見つければよいのです。オリオンざのすぐ下に、とくに光る星があるでしょう。それはシリウスといって、夜空で一番明るい星（一等星）です。この星も青く光りかがやいています。

① （　）　② （　）　③ （　）　④ （　）
⑤ （　）　⑥ （　）　⑦ （　）

名前

月　日

形容詞は、いろいろな形にかえて使います。

ア　大きい　　イ　大きかろう　　ウ　大きかった

エ　大きくなる　　オ　大きいとき　　カ　大きければ

① 次の言葉を、右のような形になるように文字を書きましょう。

①
白　ア
イ　白
ウ　白
エ　白
オ　白
カ　白

②
新しい　ア
イ　新
ウ　新
エ　新
オ　新
カ　新

③
明るい　ア
イ　明
ウ　明
エ　明
オ　明
カ　明

② 次の形容詞を、例のように動詞にかえて書きましょう。

《例》

強い	・強まる
	・強める
	・強がる

| うれしい | ・うれしがる |

① 広い　→　‿

② 早い　→　‿　‿　‿

③ 温かい　→　‿　‿　‿

④ さみしい　→　‿　‿

③ 次の文を読んで、□ に入る言葉を ┆ ┆ から選んで、記号を書きましょう。

わたしたちの町には、しょうゆ工場が □ 。先週、学級でたずねてみた。ま

いごになるくらい □ 、こんなに工場が □ 、きっと毎日たくさん作れるんだろう

なと思った。入り口で少ししょうゆのかおりがしていたが、中に入るともっと

はとても □ で、機械は三木先生よりもずっと □ 。できたてを味見させてもらっ

たら、すごく □ 。来れなかった矢田さんはきっと □ だろうな。

┆ ア　広かったら　　イ　多い　　ウ　きれい　　エ　くやしい　　オ　大きい
┆ カ　広かった　　キ　おいしかった　　ク　強かった

名前

月　日

「静かだ」「きれいだ」「おだやかだ」「ふしぎだ」など、物やことがらの性質や状態を表す言葉を、形容動詞といいます。言い切りの形が「〜だ」で終わります。

また形容動詞は、いろいろな形にかえて使います。

ア　ふしぎだろう　　イ　ふしぎだった　　ウ　ふしぎである
オ　ふしぎだ　　カ　ふしぎなとき　　キ　ふしぎならば
エ　ふしぎになる

① 次の文の中から、形容動詞をさがして線を引きましょう。

家のまどから、大きな月が見えました。「とてもきれいだ。」とわたしが言うと、お母さんが「本当。きのうもきれいだったわ。今は一年で一番お月さまがきれいな季節だから、お月見をするのよ。明日は十五夜だから、明日もきれいだろうね。」と教えてくれました。わたしは「そんなにきれいならば、明日お月見をしようよ。」と言いました。

② 次の──の言葉が、形容動詞の文を選んで○をつけましょう。

① あのジェットコースターは、こわい。（　）

② 犬の名前は、リプリーだ。（　）

③ 友だちと話していると、とてもゆかいだ。（　）

③ 次の文に合う形容動詞を　　から選んで、記号を書きましょう。

① 三組の小川さんは、　□　アイドルににていると思う。

② 宇宙でくらせるようになるのももう　□　。

③ 落とし物をとどけたら、「とても　□　子だね。」とほめられた。

④ ヤマメという川魚は、　□　川にしか住まないそうだ。

⑤ 今日は運動会なので、運動場は　□　。

⑥ お父さんが日曜大工で作ったイスは、足が　□　。

ア　間近だ　イ　有名な　ウ　清らかな　エ　がたがただ　オ　にぎやかだ　カ　正直な

いい感じ！

副詞（かざりことば）

名前　　　　　　　　　月　　日

「ごはんをゆっくり食べた」「あの人はずいぶんゆかいな人だ」など、語形変化なく、ようすや程度などをくわしくする言葉を、副詞（かざりことば）といいます。

① 次の文の中から、副詞をさがして線を引きましょう。

① きょうはたぶん雨がふる。

② 今年の冬はたいそう雪がふった。

③ すぐ行くから待っていてね。

④ あなたはゆっくり歩けませんか。

⑤ きっと君が好きなのだ。

⑥ かならず正しいことは勝つのだ。

⑦ 君の言う事はいつも正しい。

⑧ しばらくどこかへ行って来ます。

⑨ およそ三キロほどの道のりだ。

⑩ そこをはっきり言いなさい。

② 次の文の中から副詞を四つさがして、書きましょう。

あすは、楽しい遠足です。今夜は空にきれいに星がでています。あすは、きっと晴れるでしょう。ぼくは、あすは友だちとおもいきりゆかいに遊ぼうと思っています。もし、雨がふったらとすこし心配です。

①（　　　）

②（　　　）

③（　　　）

④（　　　）

③ 次の文の（　）にあてはまる言葉を　　から選んで書きましょう。

① たからくじが当たるなんて（　　　）ゆめのようだ。

② 暗くなったと思ったら（　　　）雨がふってきた。

③ 夜空に星が（　　　）かがやいている。

④ きのうから（　　　）雪がふっている。

```
きらきら
ずっと
たちまち
まるで
```

名前　　　月　日

「先生」「友達」「メダカ」「学校」「つくえ」人、もの、場所など、物事の名前を表す言葉を名詞（めいし）といいます。

① 次の言葉の中から名詞を選んで、○をつけましょう。

（　）カバン　（　）ゲーム　（　）「ええっ！」（　）空　（　）目

（　）走った　（　）光る　（　）光　（　）美しい　（　）空気

名詞には、人名や地名など特別なものを表す名詞や、名前のかわりに表す名詞、数を表す名詞があります。

ア　人名や地名を表す　・山口さん　・山口小学校　・山口県

イ　名前のかわりに表す　・ぼく　・あなた　・わたし　・かれ

ウ　数を表す　・五　・三つ　・十人　・百こ　・千本

② 次の文の中から名詞をさがして、形をかえずに書きましょう。

谷町小学校の四年生はヘチマの観察をしています。六月の二十日、気温は三十度でした。木村さんは、小さな黄色い花を見つけました。よく見ると、つぼみもいっぱいありました。かの女は、みんなにそのことを知らせました。

①（　）　②（　）　③（　）　④（　）　⑤（　）

⑥（　）　⑦（　）　⑧（　）　⑨（　）　⑩（　）

⑪（　）　⑫（　）　⑬（　）　⑭（　）

名詞には、動詞や形容詞から形がかわったものがあります。

（動詞）　　（名詞）

おどる　→　おどり

わらう　→　わらい

（形容詞）　（名詞）

美しい　→　美しさ

白い　→　白さ

③ 次の言葉を、右のように形をかえて書きましょう。

①流れる　→　（　）

②深い　→　（　）

③読む　→　（　）

名前　　　　　月　日

① 次の言葉を二つ（動詞と名詞）に分けて書きましょう。

〈例〉 焼きそば → 焼く ＋ そば

(1)① 飲み水 → □ ＋ □
② 植え木 → □ ＋ □

③ 入リ口 → □ ＋ □
④ 急ぎ足 → □ ＋ □

(2)① やり投げ → □ ＋ □
② いもほり → □ ＋ □

③ 草かり → □ ＋ □
④ ふとんたたき → □ ＋ □

(3)① ふりかけ → □ ＋ □
② 行き止まり → □ ＋ □

③ 思い出 → □ ＋ □
④ 食べかけ → □ ＋ □

② 次の二つの言葉を合わせて、一つの名詞を作りましょう。

① にぎる＋飯 → □
② ねる＋息 → □
③ 笛＋ふく → □
④ 本＋読む → □
⑤ 受ける＋付ける → □
⑥ 組む＋合わせる → □
⑦ 折る＋紙 → □
⑧ 気＋晴らす → □
⑨ にらむ＋あう → □
⑩ 食べる＋すぎる → □

③ 次の言葉を、例のように名詞の形にかえて書きましょう。

〈例〉 早い→早さ　走る→走り

① はずかしい → □
② うまい → □
③ 新しい → □
④ 通る → □
⑤ 晴れる → □
⑥ おくれる → □

名前

月　日

○次の言葉で、名詞には「め」、動詞には「ど」、形容詞には「け」、形容動詞には「けど」を □ に入れましょう。

〈例〉
名詞 …… つくえ、わらい、美しさ
動詞 …… のぼる、晴れる、いる
形容詞 …… 青い、はげしい、強い
形容動詞 … きれいだ、おだやかだ

① 小さい　　② 少年　　③ りっぱだ

④ 食べる　　⑤ 美しい　　⑥ コップ

⑦ のどかだ　　⑧ のどかさ　　⑨ さわぐ

⑩ さわぎ　　⑪ 青い　　⑫ 青さ

⑬ にぎやかだ　　⑭ にぎやかさ　　⑮ にくらしい

⑯ 考える　　⑰ 考え　　⑱ におい

⑲ におう　　⑳ いそがしい　　㉑ いそがしさ

㉒ ロケット　　㉓ 山田さん　　㉔ 流れる

㉕ 流れ　　㉖ する　　㉗ ある

㉘ ない　　㉙ どんぐり　　㉚ ねむる

ことばの種類 ②

月　日

次の言葉の中から、種類のちがうものを選んで、記号を書きましょう。

① ア 子ども　イ 太一（たいち）　ウ とかげ　エ むぎ　オ まるい

② ア とぶ　イ 太る　ウ 見る　エ ねむい　オ 歌う

③ ア 赤い　イ くわしい　ウ ぜんぜん　エ いたい　オ 悪い

④ ア ゆっくり　イ さらさら　ウ 少し　エ いつも　オ 遠い

⑤ ア どんどん　イ わんわん　ウ にこにこ　エ じろじろ　オ すっかり

⑥ ア 海　イ 南　ウ 上　エ 左　オ 西

⑦ ア ぼく　イ わたし　ウ きみ　エ ひと　オ かれ

⑧ ア ふえる　イ なげく　ウ かりる　エ このむ　オ およぎ

⑨ ア おもさ　イ かなしむ　ウ しずけさ　エ 美しさ　オ 高さ

⑩ ア まぶしい　イ たくさん　ウ ずいぶん　エ しっかり　オ じっくり

①□　②□　③□　④□　⑤□　⑥□　⑦□　⑧□　⑨□　⑩□

感動詞（感動のことば）

名前

月　日

話し手の気持ちなどを表す言葉を、感動詞（かんどうし）といいます。

ア　感動　「ああ！」　　　イ　よびかけ　「おうい！」
ウ　うけこたえ　「はい」　エ　あいさつ　「こんにちは」
オ　さけび　「うわっ」　　カ　かけ声　「どっこいしょ」

① 次の──線の感動詞が表すものを $\fbox{}$ から選んで、記号で書きましょう。

① きゃあ、ヘビだわ。

② うん、わかった。

③ では、ごきげんよう。

④ ねえ、遊ぼうよ。

⑤ よいしょ、とすわる。

⑥ おお、かわいそうに。

$\square$　$\square$　$\square$

$\square$　$\square$　$\square$

```
ア　感動
イ　よびかけ
ウ　うけこたえ
エ　あいさつ
オ　さけび
カ　かけ声
```

② 次の文に合う感動詞を $\fbox{}$ から選んで、$\square$ に書きましょう。二回くり返して使います。

① さあさあ 、安いよ、安いよ。

② 、ぼくが見てあげよう。

③ おやおや 、どうしたのかな。

④ 、だめじゃないか。

⑤ 、そうおこらないで。

⑥ 、やっと宿題が終わった。

⑦ 、田中さんのおたくですか。

```
やれ　もし　おや　どれ　さあ　まあ　こら
```

ことばのまとめ ①

名前

月　日

① 次の文に合う助詞を、[　]から選んで、書きましょう。

① 犬 [　] 走ってくる。
② 本 [　] 読む。
③ 海 [　] 船がうかんでいる。
④ えんぴつ [　] 字を書く。
⑤ 弟 [　] けんかをした。
⑥ 学校 [　] 行きます。
⑦ 辞典 [　] ひき方を教える。
⑧ 駅 [　][　] 早く行こう。
⑨ ミキは、カオリ [　][　] せが高い。
⑩ 風は南 [　][　] ふいてくる。

| より　で　に　の　を　へ　から　と　が　まで |

がんばってね！

② 次の漢字の正しい送りがなを書きましょう。

① 加（くわわる）　　（　　）
② 果（はたす）　　（　　）
③ 勇（いさむ）　　（　　）
④ 建（たてる）　　（　　）
⑤ 覚（おぼえる）　　（　　）
⑥ 参（まいる）　　（　　）
⑦ 残（のこる）　　（　　）
⑧ 辺（あたり）　　（　　）
⑨ 省（はぶく）　　（　　）
⑩ 浴（あびる）　　（　　）
⑪ 養（やしなう）　　（　　）
⑫ 固（かたまる）　　（　　）
⑬ 連（つらなる）　　（　　）
⑭ 治（おさめる）　　（　　）
⑮ 挙（あげる）　　（　　）
⑯ 好（このむ）　　（　　）
⑰ 最（もっとも）　　（　　）
⑱ 初（はじめて）　　（　　）
⑲ 量（はかる）　　（　　）

名前

月　日

① 次の慣用句(かんようく)の意味で正しいものを、線(せん)で結(むす)びましょう。

(1)
① あいづちを打つ　・
② うわの空　・
③ はばをきかせる　・
④ へそを曲げる　・
⑤ ぬけ目がない　・

・ 気になることがあって集中できないこと
・ 相手の話にうなずいてさんせいすること
・ きげんを悪くすること
・ ゆだんやすきのないこと
・ 思いのままにえらそうにふるまうこと

(2)
① さじを投げる　・
② 水のあわ　・
③ かたずをのむ　・
④ 念(ねん)をおす　・
⑤ 大目に見る　・

・ あきらめて、やめてしまうこと
・ じゅうぶんにたしかめること
・ せっかくの努力(どりょく)がむだになること
・ まちがいなどを、とがめずにゆるすこと
・ 息をころして、ようすを見つめること

② 次のように読む漢字を書きましょう。

① あげる
手を [　] げる
たなに [　] げる

② あたり
その [　] り
くじの [　] たり

③ しょうか
火事の [　] する
食べ物を [　] する

④ てんこう
[　] が悪い
[　] 生

⑤ はっせい
スモッグが [　] した
歌の [　]

⑥ かこう
火山の [　] を見る
魚の [　] 品

⑦ あつ
[　] い夏
[　] いふろ

⑧ かいてん
[　] ドア
[　] 祝い

⑨ じてん
[　] 国語
[　] 車

① 主語は、「何が（は）」「だれが」「～も」に当たる言葉です。

次の――線の述語に対する主語を書きましょう。

① 馬が　とても　速く　走りぬけた。

② 夕日は　とても　赤い。

③ 梅もさくらも　春の終わりに　実をつける。

④ 夏になると　兄は　毎年　山へ　行っている。

述語は、「どうする」「何だ」「どんなだ」に当たる言葉です。

② 次の――線の主語に対する述語を書きましょう。

① 姉は　中学校に　通っている。

② 昨日　図書館で　ぼくは　本を　かりました。

③ さくらの　花びらが　たくさん　落ちている。

④ ほんとうに　やさしいよ、ぼくの　兄さんは。

③ 次の文の主語と述語を書きましょう。

① カラスが　たねを　ほじくった。
　主語（　　　）述語（　　　）

② 野球場で　試合が　始まった。
　主語（　　　）述語（　　　）

③ 特急電車が　ものすごい　スピードで　進んできた。
　主語（　　　）述語（　　　）

④ けさ、朝顔が　三つ　さいた。
　主語（　　　）述語（　　　）

⑤ 海には　多くの　船が　行き来している。
　主語（　　　）述語（　　　）

⑥ 車が　通りすぎても　父は　その場から　動かなかった。
　主語（　　　）述語（　　　）

文の組み立て（主語・述語）②

月　日

① 次の文の主語と述語を書きましょう。主語がないときは×をつけましょう。

① かわいい小鳥が、にぎやかに　さえずる。

主語（　）　述語（　）

② 早く家を出ないと、ちこくする。

主語（　）　述語（　）

③ きのうに続いて、今日もとても寒かった。

主語（　）　述語（　）

④ 仲の良い友達と、いっしょに海で泳いだ。

主語（　）　述語（　）

⑤ いとこのお父さんは、四月からイギリスへ行くそうだ。

主語（　）　述語（　）

⑥ あなたの赤えんぴつをぼくにくれませんか。

主語（　）　述語（　）

② 次の文を、例のように分け、その中から主語と述語を書きましょう。

〈例〉 兄は四月から高校生だ。→（兄は）（四月から）（高校生だ）

主語（兄は）　述語（高校生だ）

① 地しんは、まもなくおさまった。

主語（　）　述語（　）

② 花だんにまいた花のたねから、芽が出てきたよ。

主語（　）　述語（　）

③ 遠くの山は、昨日の雪で真っ白になっている。

主語（　）　述語（　）

④ あの先生は、いつもやさしく、子どもに話しかける。

主語（　）　述語（　）

文の組み立て（修飾語）①

① 次の ―― 線の修飾語が表すものを ____ から選んで、記号を書きましょう。

① 姉は、台所で（　）料理を（　）しています。

② 夜には、デパートから（　）大きな（　）荷物が　とどきます。

③ 弟は、校庭で（　）うれしそうに（　）あそんでいた。

④ 昨日は（きのう）　雪が（　）しんしんと（　）ふり、辺り（あた）は　雪景色に（ゆきげしき）（　）なった。

⑤ 先生の　話に、ぼくは（　）思いきり（　）わらった。

```
ア　いつ
イ　どこで
ウ　どんな
エ　何を
オ　どのように
```

② 次の ―― 線の修飾語がくわしくしている言葉をさがして、書きましょう。

① 赤い　ぼうしの　女の子は、私の　妹です。
（　　　）

② たまねぎを　細かく　きざんだ。
（　　　）

③ おやつは　母の　作った　イチゴケーキだ。
（　　　）

④ ベルの　大きな　音が　運動場に　ひびいた。
（　　　）

⑤ たぶん　足の　おそい　兄は　いやと　言うだろう。
（　　　）

③ 次の文に合う言葉を ____ から選んで、記号を書きましょう。

① そんなこと、（　）知らなかった。

② 体育の時間には（　）ぼうしをかぶります。

③ （　）入道雲が（　）たちのぼっている。

④ （　）赤ちゃんが（　）ねている。

⑤ （　）お寺のかねが（　）鳴った。

```
ア　まったく　　イ　とつぜん
ウ　白い　　　　エ　かわいい
オ　むくむくと　カ　赤・白の
キ　ゴーンと　　ク　すやすやと
```

名前

月　日

① 次の ── 線の言葉をくわしくしている言葉をさがして、書きましょう。

① 赤ちゃんは、おいしそうに飲んだ。

② 赤い金魚は、すいすいと泳いでいた。

③ にやりと小さな女の子はわらった。

④ 空が暗くなると、急に雨がふりだした。

⑤ ぼくは、きのう動物園に行った。

⑥ かわいい犬が、じっとぼくを見ている。

② 次の文を主語、述語、修飾語に分けて書きましょう。

① ぼくは、三時に家でおやつのケーキを食べました。

ぼくは →
三時に →
家で →
おやつの →
ケーキを →
食べました。

② 友達の大山さんが、病気で、一週間、学校を休んだ。

大山さんが
一週間 →

③ 青く晴れわたった空に、白い雲がうかんでいる。

雲が →

こそあど言葉 ①

名前　　　　　　　　　　月　　日

① 次の文に合う言葉を　から選んで、書きましょう。

① ここにある（　　　　）のこぎりを使ってごらん。

② 向こうにみえる（　　　　）家まで歩きなさい。

③ あそこであいているのは（　　　　）のクラスの子ですか。

④ あなたのそばにある（　　　　）花はとてもきれいだ。

⑤ 図書館にある本は（　　　　）本もおもしろそうだ。

⑥ 町の西に、赤い橋があります。（　　　　）に近づくと高い木が見えます。

> そこ　どの　この　その　あの　どこ

② 次の表を見て、あてはまる言葉を書きましょう。

	もの	場所	方向	ようす	さししめす
話し手に近い	これ	①	②	③	この
聞き手に近い	④	そこ	⑤	⑥	⑦
どちらにも遠い	⑧	⑨	あちら	⑩	⑪
はっきりわからない	⑫	⑬	⑭	どんな	⑮

きっとできるよ！

こそあど言葉 ②

名前 〔　　　〕

月　　日

①

次の文に合う言葉を ┈┈ から選んで、記号を書きましょう。

① 花が「わたし」の近くにあるときの言い方。　（　）

② 花が相手の近くにあるときの言い方。　（　）

③ 花が「わたし」から遠くにあるときの言い方。　（　）

④ 「わたし」の花がわからないときの言い方。　（　）

┌─────────────────────────┐
ア　どれがわたしの花ですか。　イ　あれはわたしの花です。
ウ　それはわたしの花です。　　エ　これはわたしの花です。
└─────────────────────────┘

②

次の ── 線の言葉がさしている言葉を書きましょう。

〈例〉 昨日、新しい本を買った。今日は、それを持って来た。　（新しい本）

① 北国は雪が多い。ここでは、スキーが生活にかかせない。　（　）

② むこうに高い木が見える。あれがゴールだ。　（　）

③ 太一さんは、お母さんにこう言った。「おこづかいふやしてよ。」　（　）

④ 駅前にはふん水があります。そこはいつも人でいっぱいだ。　（　）

⑤ むこうに明かりが見えた。男はその方へ、全力で走って行った。　（　）

⑥ 以前は、お兄さんとよく野球をした。それが今でも思い出に残っている。　（　　こと）

⑦ 五月にも同じ山に登った。そのときは、とても天気が良かった。　（　　とき）

つなぎ言葉 ①

名前

月　日

① 次の文に合うつなぎ言葉を、◯◯◯から選んで、書きましょう。

① ドアをたたいた。（　　　　）ドアが中から開いた。

② 熱が出た。（　　　　）学校を休んだ。

③ あすは、晴れるかな。（　　　　）雨かな。

④ 私の好物は、バナナ、ピザ、（　　　　）おすしです。

⑤ 君は、体育がとくいだ。（　　　　）絵も上手だ。

⑥ 夏はいつも暑い。（　　　　）今年の夏はすずしかった。

> しかし　それとも　だから　それに　すると　そのうえ

② 次の二つの文をつなぐ言葉として、正しい方を選んで、◯をつけましょう。

① ・とてもねむかった
　・休まなかった。
（　）しかし
（　）だから

② ・今日は雨だった
　・外へ出なかった。
（　）すなわち
（　）それで

③ ・必死に走った
　・電車にのりおくれた。
（　）それでも
（　）すると

④ ・風が強くなってきた
　・雨もふってきた。
（　）そのうえ
（　）そこで

⑤ ・コーヒーにしますか
　・お茶にしますか。
（　）つまり
（　）それとも

⑥ ・明日は遠足です
　・早くねましょう。
（　）ところで
（　）だから

⑦ ・ゲームを買ってもらった
　・一番高いものだ。
（　）やっぱり
（　）しかも

ちょっとむずかしいぞ！できるかな!?

名前

月　日

① 次のつなぎ言葉と同じはたらきをするものを選んで、線で結びましょう。

① けれども　・　　　・　それで・だから

② そのうえ　・　　　・　しかも・また

③ ですから　・　　　・　でも・ところが

④ または　　・　　　・　では・ところで

⑤ さて　　　・　　　・　それとも・あるいは

⑥ たとえば　・　　　・　つまり・ようするに

② 次の二つの文が同じ意味になるように、□□□から言葉を選んで、書きましょう。
（二回使うものもあります）

① きのうは、雨がふった。（しかし）大雨ではなかった。
　きのうは、雨がふった（　　　）、大雨ではなかった。

② きのうは、雨がふった。（それに）風もふいた。
　きのうは、雨がふった（　　　）、風もふいた。

③ きっと母さんがむかえにくる。（それで）かさはかりなくてもよい。
　きっと母さんがむかえにくる（　　　）、かさはかりなくてもよい。

④ 君は知っていた。（しかし）教えてくれなかったね。
　君は知っていた（　　　）教えてくれなかったね。

┌──────────┐
│ので　のに　し│
└──────────┘

これができれば
パーフェクト！

省略文・倒置文

前後の関係やその場のようすから、主語や述語が省かれても意味のわかる文を、省略文といいます。

〈例〉「お母さんは、出かけたの。」「（お母さんは）出かけたよ。」

① 次の □ の文で　省略されている（省かれている）言葉を選んで、線で結びましょう。

① 「あなたの名前は何といいますか。」　　「橋口ともみです。」　・　　　　　・　ぼくの妹は

② 「君の妹は四年生でしたね。」　「はい、四年生です」　　　　　　　　　・　　　　　・　が　一等でした。

③ 「リレーで一等だったのは何組だったの。」　「二組。」　　　　　　　　　・　　　　　・　わたしの名前は

④ 「時計をこわしたでしょう。」　　　　　　　　　　　　　　　　　　　　・　　　　　・　時計をこわしたのは

⑤ 「ぼくではありません。」　　　　　　　　　　　　　　　　　　　　　　・　　　　　・　あなたは

文の一部を入れかえて意味を強める文を、倒置文といいます。

〈例〉「この夏ミカンは、おいしいよ。」
　　「おいしいよ、この夏ミカンは。」

② 次の文は倒置文です。文を入れかえて、ふつうの文にしましょう。

① 「こんなに大きかったんだね、ジンベイザメって。」
（　　　　　　　　　　　　　）

② 「この川には魚がいたのよ、お母さんが子どものころは。」
（　　　　　　　　　　　　　）

③ 「光さえもにげられないのです、ブラックホールでは。」
（　　　　　　　　　　　　　）

④ 「たしかにこのあたりだったんだけどなあ、かぎを落としたのは。」
（　　　　　　　　　　　　　）

ならびかえ

名前　　　　　　　　　　月　　日

🍎 次の文を見て、問いに答えましょう。

(1) 文をならべかえて、正しい文章になるように番号を書きましょう。

（　）ぼくは、日曜日に弟と「あけぼの商店街」へ買い物に行きました。

（　）「スーパーマーケットなら、こんなに回らずにすんだのに。」と思いました。

（　）お母さんからわたされたメモを見ながら、いくつかの店を回ります。

（　）「商店街の方が、種類が多いし、新せんなものがあることも多いのよ。」

（　）パン屋さんの前を通ったのに、メモを見て、またもどったりしました。

（　）家に帰ってから、お母さんにそのことを話してみました。

（　）「そうなのか。でもぼくはスーパーマーケットの方がべんりだな」と思いました。

（　）次の日、学校で「自分の家の買い物しらべ」をしようと発言しました。

(2)
（1）の文の内容をまとめているものを選んで、〇をつけましょう。

（　）商店街をもっと利用しようと思ったお話。

（　）スーパーマーケットをもっと利用しようと思ったお話。

（　）商店街やスーパーマーケットがどんなふうに利用されているか、「買い物しらべ」をしようと思ったお話。

(3)
文に題名をつけるなら、どれがよいですか。〇をつけましょう。

（　）べんりなスーパーマーケット

（　）弟との買い物

（　）弟とあけぼの商店街へ買い物に行ったこと

(4)
（1）の文のそのこととはどんなことですか。〇をつけましょう。

（　）あけぼの商店街（　）「買い物しらべ」をするまで

（　）スーパーマーケットなら多くの店を回らずにすんだこと

（　）自分の家の買い物しらべをしようと発言したこと

文章のまとまりの意味が変わるときや、会話文のときなどに改行（行がえ）することで読みやすくなります。読み手にも文章の意味がよく伝わります。

《例》

その人は、お父さんによくにていた。「お父さん！」と声をかけた。ふりむいた人は、ぜんぜんちがう男の人だった。

↓

その人は、お父さんによくにていた。

「お父さん！」

と声をかけた。

ふりむいた人は、ぜんぜんちがう男の人だった。

○ 次の文を見て、改行をした方がよい文の番号を選んで（　）に書きましょう。

(1)
①クラスのグループでお寺をさがすことになった。②たばこ屋さんのお兄さんに聞いてみた。③「ええっ！お寺なんて行ったことないなあ。」④今度はパン屋さんに聞いてみたけど、やっぱり知らないそうだ。

（　）（　）

(2)
①わたしは、さくらんぼについて調べてみました。②すると、山形県が有名な産地でした。③収かくされるのは、六月のはじめから七月の中ごろにかけてだそうです。④ほかに山形県の名産について調べてみることにしました。⑤ラ・フランスという洋ナシもたくさん作っているそうです。⑥お母さんが、⑦「ラ・フランスをいただいたの。かわった形だけど、とてもおいしいから食べてごらん。」⑧と言っていたことがあります。

（　）（　）（　）

(3)
①だれでもかんたんに作れる、とてもかわいいいぬのバッグの作り方をしょうかいしましょう。②まず、用意するものは、表用のぬのと、うらに使うぬの、持ち手二本、ボタン一こ。③手芸屋さんで全部買うことができます。④つぎに作り方です。⑤図のような八つの順番に分かれます。⑥むずかしそうと思った人もだいじょうぶです。⑦来週はマフラーをしょうかいします。

（　）（　）（　）

名前

月　日

① 次の文を読んで、後の問いに答えましょう。

田んぼへ行ってタニシをひろい、細いタコ糸を五十センチくらいに切って、竹のぼうの先にくくりつけた。アキラもサトシもさそってテナガエビとりに行くのだ。アキラの家に行ったら、すぐに出てきた。二人でサトシの家に行った。出てこない。二人で顔を見合わせて、首をかしげた。

そういえば二日前のこと――。サトシが大きなカバンを持っていたのを見た。

① 文は、いくつの段落に分けられますか。

（　　）つ

② 二つ目の段落のはじめの五文字を書きましょう。

☐☐☐☐☐

② 次の文を読んで、後の問いに答えましょう。

春になると、たんぽぽなどの花がさいたり、モンシロチョウがとんでいたりするのをよく見かけますね。これは、冬よりも気温が高くなってあたたかくなると、さまざまな植物や生き物が活動を始めるからです。

そこで、ヘチマを育てて実さいに季節のうつりかわりを観察していきましょう。

① ヘチマの種をまき、育てる。

② 係を決めて、ヘチマの成長のようすを観察して記録する。

③ 気温をはかって記録し、ヘチマの成長とあたたかさの関係を調べる。

こん虫についても調べてみましょう。

① 文を段落（まとまり）に分けます。それぞれの段落のないように合うように☐に言葉を書きましょう。

ア 春の ☐☐ や生き物 イ ☐☐☐☐ の観察 ウ ☐☐ の観察

② 一つ目から三つ目の段落のはじめの五文字を書きましょう。

1 ☐☐☐☐☐　2 ☐☐☐☐☐　3 ☐☐☐☐☐

③ 文に題名をつけるなら、どれがよいですか。記号を書きましょう。

ア 春　イ 気温と生き物の関係　ウ ヘチマの観察

（　　）

41

段落の関係

名前

月　日

① 次の文に合う言葉を[ ]から選んで、記号を書きましょう。

① 説明文(せつめいぶん)を読むときには、（　）に気をつけて、その部分の（　）は何かを考え、文章全体の（　）を読み取ることが大事です。

② 説明文では、（　）が一番中心にして書いているのはどの部分か、また、（　）の方のどの部分と（　）があるかについて、考えてみることが大切です。

```
ア はじめ　イ 筆者　ウ 結(むす)び　エ 関係(かんけい)
オ 組み立て　カ 要点(ようてん)　キ 段落(だんらく)
```

② 次の文を読んで後の問いに答えましょう。

① 草むらから飛(と)び立ったバッタをつかまえようと、バッタのおりた所に行ってみても、もう見つからない、こんなけいけんは、よくあります。これは、バッタの色が、草の色によくにているからです。動物は、このように、身を守るための自然(しぜん)のしくみをもっています。

② アブラナやダイコンの葉にいるアオムシは、モンシロチョウのよう虫です。アオムシも、バッタと同じように葉の色ににた緑色をしています。

③ ライチョウは、冬、あたりが雪にうずまっているころは、はねや毛がまっ白です。ところが春になって雪がとけると、地面の色ににた茶色でまだらのはねになります。

④ シャクトリムシは、かれえだににていたり、コノハチョウが木の葉にそっくりだったりします。

(1) この文の組み立てで、正しいものを選(えら)んで、○をつけましょう。

ア（　）
```
      ①
   ┌──┼──┐
   ④  ③  ②
```

イ（　）
```
   ②    ①
    └──┬──┘
       ③
       ↓
       ④
```

ウ（　）
```
   ③  ②  ①
    └──┼──┘
       ④
```

(2) 文に題名をつけるなら、どれがよいですか。記号を書きましょう。

ア おもしろい形　イ 身を守る色　ウ 動物の形

（　）

① 国語辞典で言葉を調べると、次の意味がありました。それぞれにふさわしい意味を□から選んで、記号を書きましょう。

(1)「みる」
① つらいめをみる。（　）
② 妹の勉強をみる。（　）
③ 少し飲んでみる。（　）
④ 手相をみる。（　）

ア ためす　イ 世話をする　ウ 調べる　エ 経験する

(2)「重い」
① 重い荷物を持つ。（　）
② 重い病気にかかる。（　）
③ 気が重くなる。（　）
④ 注意を重く受け止める。（　）

ア 程度が大きい　イ 目方が多い　ウ はればれしない　エ 重大に

 いろんな意味があるね！

② 次の言葉を国語辞典で調べたとき、出てくる順番を書きましょう。

①
しか（　）
あひる（　）
たぬき（　）
きつね（　）

②
やしき（　）
やなぎ（　）
やり（　）
やもり（　）

③
あまどい（　）
あまぐも（　）
あまざけ（　）
あまだれ（　）

国語辞典は、言葉は五十音順に出てきます。また二字目、三字目も五十音順になっています。

③ 次の言葉を調べたとき、出てくる順番を書きましょう。

①
ポール（　）
ぼうし（　）
ボール（　）
ホール（　）

②
きょうぎ（　）
ぎょうじ（　）
きょう（　）
きょうざい（　）

③
はは（　）
はば（　）
パパ（　）
バス（　）

 国語辞典は「からす」は「がらす」の前に出てきます。半だく音で「ばん」は「ぱん」の前に出てきます。

名前

月　日

① 国語辞典では「えらびました」という言葉を調べるときは、「えらぶ」という言い切りの形で調べます。次の——線の言葉を言い切りの形にして、書きましょう。

① お手紙は、ていねいに書きます。

② ここでは、しずかに目をとじなさい。

③ 家をあけて遊びに行ってはいけない。

④ 大声で先生をよんだ。

⑤ 荷物はつくえにおいてください。

⑥ この本のよかった所をしょうかいしましょう。

① 〔　　〕　② 〔　　〕　③ 〔　　〕

④ 〔　　〕　⑤ 〔　　〕　⑥ 〔　　〕

② 次の——線の言葉を、言いきりの形にして書きましょう。

ジョニーたちは初めてその谷を見た①。野ざらしの強風がふきすさんで②、一歩まちがえば谷へまっさかさまという山のちょう点だ。ごつごつした岩はだに、その風に負けない④ように草が生えている。

「うわぁ……。」

だれかがため息のような声をもらした⑤が、ジョニーたちは声をおしころした⑥。足もとは赤茶けたガケで、無数にまっ黒なあながあいている。その間に、はげかかった白い岩でできた家がひしめき⑦、中には教会もある。ここにむかし、人々が住んでいた⑧のだ。

雲が一か所切れて、岩でできた教会に光がつきささっていた。

① 〔　　〕　② 〔　　〕　③ 〔　　〕

④ 〔　　〕　⑤ 〔　　〕　⑥ 〔　　〕

⑦ 〔　　〕　⑧ 〔　　〕

漢字辞典の使い方 ①

名前 〔　　　　　〕　　月　　日

① 「遠」という字を調べます。次の場合、どんな調べ方がよいですか、ここから選んで、記号を書きましょう。

① あいさんは、「とおい」という読み方しかわかりません。

〔　　　〕

② とおるさんは「しんにょう」という部首だと知っています。

〔　　　〕

③ ひとみさんは部首も読み方も分かりません。

〔　　　〕

ア 部首引き
イ 音訓引き
ウ 総画引き

② 次の漢字の部首名を　　から選んで、記号を書きましょう。

① 宿‥‥‥〔　　　〕
② 熱‥‥‥〔　　　〕
③ 陽‥‥‥〔　　　〕
④ 病‥‥‥〔　　　〕
⑤ 郡‥‥‥〔　　　〕
⑥ 練‥‥‥〔　　　〕

ア いとへん　イ やまいだれ　ウ こざとへん　エ れんが・れっか
オ おおざと　カ うかんむり

③ 「管」という漢字を、音訓引きで調べます。あてはまる言葉を書きましょう。

「管」は、音読みの〔　　　〕か、訓読みの〔　　　〕から調べることができます。音読みを持つ漢字は多いので、訓読みから調べることにしました。

④ 次の漢字の総画数を調べて書きましょう。

① 陸‥‥‥〔　　　〕
② 包‥‥‥〔　　　〕
③ 号‥‥‥〔　　　〕
④ 登‥‥‥〔　　　〕
⑤ 脈‥‥‥〔　　　〕
⑥ 女‥‥‥〔　　　〕

漢字辞典の使い方②

名前　　　　月　日

漢字辞典（かんじてん）では、木（きへん）、竹（たけかんむり）などのように、同じ部首をもつ漢字がひとまとまりになっています。部首は、漢字を引くための見出しになっていて、画数の少ない順にならんでいます。

・国→部首 □（三画）　・病→部首 疒（五画）　・顔→部首 頁（九画）

① 次の漢字の部首と、部首の画数を書きましょう。

① 低→□（　画）
② 海→□（　画）
③ 上→□（　画）
④ 秋→□（　画）
⑤ 発→□（　画）
⑥ 宿→□（　画）
⑦ 点→□（　画）
⑧ 老（ろう）→□（　画）
⑨ 開→□（　画）
⑩ 道→□（　画）
⑪ 電→□（　画）

② 次の漢字が、漢字辞典に説明されている順番を書きましょう。

(1)
① 満（４）　※「水」の部
② 柱（３）
③ 粉（　）
④ 験（　）
⑤ 利（　）
⑥ 下（　）

(2)
① 村（　）
② 林（　）
③ 機（　）
④ 柱（　）
⑤ 標（　）
⑥ 札（　）
⑦ 植（　）

(3)
① 深（４）
② 治（　）
③ 消（　）
④ 漢（　）
⑤ 浅（　）
⑥ 清（５）
⑦ 漁（　）

都道府県の漢字

名前

月　日

① ①～47の都道府県名をなぞりましょう。

北海道地方
- ① 北海道（ほっかいどう）

東北地方
- ② 青森県（あおもり）
- ③ 岩手県（いわて）
- ④ 宮城県（みやぎ）
- ⑤ 秋田県（あきた）
- ⑥ 山形県（やまがた）
- ⑦ 福島県（ふくしま）

関東地方
- ⑧ 茨城県（いばらき）
- ⑨ 栃木県（とちぎ）
- ⑩ 群馬県（ぐんま）
- ⑪ 埼玉県（さいたま）
- ⑫ 千葉県（ちば）
- ⑬ 東京都（とうきょうと）
- ⑭ 神奈川県（かながわ）

中部地方
- ⑮ 新潟県（にいがた）
- ⑯ 富山県（とやま）
- ⑰ 石川県（いしかわ）
- ⑱ 福井県（ふくい）
- ⑲ 山梨県（やまなし）
- ⑳ 長野県（ながの）
- ㉑ 岐阜県（ぎふ）
- ㉒ 静岡県（しずおか）
- ㉓ 愛知県（あいち）

近畿地方
- ㉔ 三重県（みえ）
- ㉕ 滋賀県（しが）
- ㉖ 京都府（きょうとふ）
- ㉗ 大阪府（おおさかふ）
- ㉘ 兵庫県（ひょうご）
- ㉙ 奈良県（なら）
- ㉚ 和歌山県（わかやま）

中国地方
- ㉛ 鳥取県（とっとり）
- ㉜ 島根県（しまね）
- ㉝ 岡山県（おかやま）
- ㉞ 広島県（ひろしま）
- ㉟ 山口県（やまぐち）

四国地方
- ㊱ 徳島県（とくしま）
- ㊲ 香川県（かがわ）
- ㊳ 愛媛県（えひめ）
- ㊴ 高知県（こうち）

九州地方
- ㊵ 福岡県（ふくおか）
- ㊶ 佐賀県（さが）
- ㊷ 長崎県（ながさき）
- ㊸ 熊本県（くまもと）
- ㊹ 大分県（おおいた）
- ㊺ 宮崎県（みやざき）
- ㊻ 鹿児島県（かごしま）
- ㊼ 沖縄県（おきなわ）

② ①～47の都道府県名を書きましょう。

北海道地方
- ① （ほっかいどう）

東北地方
- ② （あおもり）県
- ③ （いわて）県
- ④ （みやぎ）県
- ⑤ （あきた）県
- ⑥ （やまがた）県
- ⑦ （ふくしま）県

関東地方
- ⑧ （いばらき）県
- ⑨ （とちぎ）県
- ⑩ （ぐんま）県
- ⑪ （さいたま）県
- ⑫ （ちば）県
- ⑬ （とうきょうと）
- ⑭ （かながわ）県

中部地方
- ⑮ （にいがた）県
- ⑯ （とやま）県
- ⑰ （いしかわ）県
- ⑱ （ふくい）県
- ⑲ （やまなし）県
- ⑳ （ながの）県
- ㉑ （ぎふ）県
- ㉒ （しずおか）県
- ㉓ （あいち）県

近畿地方
- ㉔ （みえ）県
- ㉕ （しが）県
- ㉖ （きょうとふ）
- ㉗ （おおさかふ）
- ㉘ （ひょうご）県
- ㉙ （なら）県
- ㉚ （わかやま）県

中国地方
- ㉛ （とっとり）県
- ㉜ （しまね）県
- ㉝ （おかやま）県
- ㉞ （ひろしま）県
- ㉟ （やまぐち）県

四国地方
- ㊱ （とくしま）県
- ㊲ （かがわ）県
- ㊳ （えひめ）県
- ㊴ （こうち）県

九州地方
- ㊵ （ふくおか）県
- ㊶ （さが）県
- ㊷ （ながさき）県
- ㊸ （くまもと）県
- ㊹ （おおいた）県
- ㊺ （みやざき）県
- ㊻ （かごしま）県
- ㊼ （おきなわ）県

① 次のローマ字を、ひらがなで書きましょう。

① ame （　　　　　）　② kame （　　　　　）

③ asi （　　　　　）　④ hasi （　　　　　）

⑤ ika （　　　　　）　⑥ sika （　　　　　）

⑦ nami （　　　　　）　⑧ niwa （　　　　　）

⑨ numa （　　　　　）　⑩ neko （　　　　　）

⑪ kitte （　　　　　）　⑫ nikki （　　　　　）

⑬ zassi （　　　　　）　⑭ gakkô （　　　　　）

② 次の日本語を、ローマ字で書きましょう。

① おとうさん

② おかあさん

③ いもうと

④ おとうと

⑤ さんすう

⑥ とうだい

⑦ でんしゃ

⑧ ぎゅうにゅう

⑨ にんぎょう

⑩ おもちゃ

ローマ字①

名前

月

日

① 次の言葉をローマ字で書きます。正しいものを選んで、〇をつけましょう。

① はな　　　　ア hona　　　イ hana　　　ウ hono

② かびん　　　ア kobin　　　イ koban　　　ウ kabin

③ はやし　　　ア hayasi　　　イ hoyasi　　　ウ heyasi

④ きゅう食　　ア kyusoku　　イ kyusyoki　　ウ kyûsyoku

⑤ たっきゅう　ア takyu　　　イ takkyû　　　ウ takyou

⑥ なっとう　　ア natou　　　イ nattô　　　ウ nattou

⑦ 月曜日　　　ア getuyobi　　イ getuyôbi　　ウ getiyobi

⑧ 日本　　　　ア Nippon　　　イ Nipon　　　ウ Nipyon

⑨ ぱんや　　　ア panya　　　イ panha　　　ウ pan'ya

② 次のひらがなを、最初の一文字を大文字にしてローマ字で書きましょう。

〈例〉　Hokkaidô

　　　　Yamada-Tarô

① きゅうしゅう　────────

② おきなわ　　　────────

③ なごや　　　　────────

④ きょうと　　　────────

⑤ あまがさき　　────────

⑥ さとう　たける　────────

名前

ローマ字には、「A」のような大文字と、「a」のような小文字があります。地名や人名を書くときは最初の一文字を大文字で書きます。

ローマ字②

月

日

① 次の文を線で結び意味の通じるようにしましょう。

(1) ① Rômazi de・ ・ア hazimete narau.

② Rômazi to・ ・イ yoko ni kaku.

③ Rômazi o・ ・ウ tegami o kaku.

④ Rômazi wa・ ・エ kanzi de kaku.

(2) ① Tomodati to・ ・ア purezento o morau.

② Tomodati wa・ ・イ asobi ni iku.

③ Tomodati no・ ・ウ ôi hô ga tanosî.

④ Tomodati kara・ ・エ ie o tazuneru.

(3) ① Gakkô de・ ・ア ikimasita.

② Gakkô niwa・ ・イ suki dewa nai.

③ Otukai ni・ ・ウ benkyô o suru.

④ Otukai wa・ ・エ tomodati ga iru.

※「～は」「～へ」「～を」は、「wa」「e」「o」と表しているよ。

② ローマ字の文はひらがなと漢字で、ひらがなと漢字の文はローマ字で書きましょう。

① Kyô wa dôbutuen e ikimasu.

(   )

② Natuzora ni nyûdôgumo ga deru.

(   )

③ Kotosi wa budô ga takusan dekita.

(   )

④ Densya ga tekkyô o wataru.

(   )

⑤ この駅は、「ひがしうら」です。

⑥ お父さんとトランプをした。

⑦ とくい料理はカレーだ。

ローマ字 ③

名前

月

日

ローマ字には、今まで書いてきた書き方（訓令式）と、少しちがう書き方（ヘボン式）があります。

表式 よみ方	訓令式	ヘボン式
し	si	shi
しゃ	sya	sha
しゅ	syu	shu
しょ	syo	sho
っ	tu	tsu

表式 よみ方	訓令式	ヘボン式
ち	ti	chi
ちゃ	tya	cha
ちゅ	tyu	chu
ちょ	tyo	cho
ふ	hu	fu

表式 よみ方	訓令式	ヘボン式
じ（ぢ）	zi	ji
じゃ（ぢゃ）	zya	ja
じゅ（ぢゅ）	zyu	ju
じょ（ぢょ）	zyo	jo
を	o	o (wo)

① 次の駅名は、ヘボン式で書いています。ひらがなで書きましょう。

① ISHIKAWA （　　　　　）

② MATSUE （　　　　　）

③ YAMAGUCHI （　　　　　）

④ HIMEJI （　　　　　）

⑤ MIYAKONOJÔ （　　　　　）

② 次のヘボン式のローマ字をかなと漢字で書きましょう。

① Okashi o moraimasu.

（　　　　　　　　　　　　　　　）

② Shika niwa tsuno ga aru.

（　　　　　　　　　　　　　　　）

③ Jitensha de umi e iku.
　　　　　　　　(へ)

（　　　　　　　　　　　　　　　）

④ Chikamichi o sagashita.

（　　　　　　　　　　　　　　　）

⑤ Natsu wa mugicha ga oishiku kanjiru.
　　　(は)

（　　　　　　　　　　　　　　　）

⑥ Ojîsan ni tsukue o katte moraimashita.

（　　　　　　　　　　　　　　　）

月

日

詩　よかったなあ

名前　　　　　月　日

次の詩を読んで、後の問いに答えましょう。

よかったなあ

　　　　　まど・みちお

よかったなあ　草や木が
ぼくらの　まわりに　いてくれて
目のさめる　みどりの葉っぱ
美しいものの代表　花
かぐわしい実

よかったなあ　草や木が
何おく　何ちょう
もっと数かぎりなく　いてくれて
どの　ひとつひとつも
みんな　めいめいに違っていてくれて

よかったなあ　草や木が
どんなところにも　いてくれて
鳥や　けものや　虫や　人
何が訪ねるのをでも
そこで動かないで　待っていてくれて

ああ　よかったなあ　草や木がいつも
雨に洗われ
風にみがかれ
太陽にかがやいて　きらきらと

（「新しい国語　四上」東京書籍）

---

① この詩は何連からできていますか。

（　　　）

② この詩は、何がいてくれてよかったと思っているのですか。

（　　　）

③ 第一連の「目のさめる」と同じ意味で使われている文を選びましょう。

（　　　）目のさめるような大きな音がした
（　　　）目のさめるような景色が見える
（　　　）しかられて目のさめる思いがした

④ 第三連の草や木がいてくれるのは、どこですか。（　）にことばを入れましょう。

草や木が（　　　）いてくれて

⑤ 「きらきらと」の後に続くことばは、次のどれがふさわしいですか。

（　　　）ひかって
（　　　）てらされて
（　　　）いてくれて

⑥ この詩で伝えたいことは何でしょう。

（　　　）草や木があることはありがたいことだ
（　　　）草や木をこれからも育てていきたい
（　　　）草や木にかこまれて生活をしたい

52

詩 ふしぎ
名前
月 日

The instruction: 次の詩を読んで、後の問いに答えましょう。

ふしぎ
金子みすゞ

わたしはふしぎでたまらない、
黒い雲からふる雨が、
銀にひかっていることが。

わたしはふしぎでたまらない、
青いくわの葉たべている、
かいこが白くなることが。

わたしはふしぎでたまらない、
たれもいじらぬ夕顔が、
ひとりでぱらりと開くのが。

わたしはふしぎでたまらない、
たれにきいてもわらってて、
あたりまえだ、ということが。

(『新しい国語 四上』東京書籍)

① この詩は、何連からできていますか。
（　）

② 一連と二連に共通する「ふしぎ」とは何ですか。
（　）

③ 作者の一番言いたいことは、何連に書いていますか。
（　）

④ この詩のなかに出てくる色を書きましょう。
（　）（　）（　）

⑤ この詩に使われている表現の工夫を三つ選びましょう。
（　）擬人法（ぎじんほう）（人のように表現する）
（　）反復法（はんぷくほう）（ことばをくり返す）
（　）比喩（ひゆ）（別のものにたとえる）
（　）倒置法（とうちほう）（言葉の順序を逆にする）

⑥ この詩の中で「ふしぎ」と反対に使われている言葉は何ですか。
（　）

⑦ この詩で作者の思いに近いと思うもの一つに○をつけましょう。
（　）あたりまえな生活こそ大切である。
（　）あたりまえなことを聞くとわらわれるので聞かないほうがいい。
（　）ふしぎなことがあたりまえに思えるのはなぜだろう。

詩 ふしぎ

名前　　　　月　日

次の詩を読んで、後の問いに答えましょう。

ふしぎ

金子みすゞ

わたしはふしぎでたまらない、
黒い雲からふる雨が、
銀にひかっていることが。

わたしはふしぎでたまらない、
青いくわの葉たべている、
かいこが白くなることが。

わたしはふしぎでたまらない、
たれもいじらぬ夕顔が、
ひとりでぱらりと開くのが。

わたしはふしぎでたまらない、
たれにきいてもわらってて、
あたりまえだ、ということが。

（『新しい国語　四上』東京書籍）

① この詩は、何連からできていますか。
（　　）

② 一連と二連に共通する「ふしぎ」とは何ですか。
（　　）

③ 作者の一番言いたいことは、何連に書いていますか。
（　　）

④ この詩のなかに出てくる色を書きましょう。
（　　）（　　）（　　）

⑤ この詩に使われている表現の工夫を三つ選びましょう。
（　　）擬人法（ぎじんほう）（人のように表現する）
（　　）反復法（はんぷくほう）（ことばをくり返す）
（　　）比喩（ひゆ）（別のものにたとえる）
（　　）倒置法（とうちほう）（言葉の順序を逆にする）

⑥ この詩の中で「ふしぎ」と反対に使われている言葉は何ですか。
（　　）

⑦ この詩で作者の思いに近いと思うもの一つに○をつけましょう。
（　　）あたりまえな生活こそ大切である。
（　　）あたりまえなことを聞くとわらわれるので聞かないほうがいい。
（　　）ふしぎなことがあたりまえに思えるのはなぜだろう。

名前

月　　日

次の文章を読んで、後の問いに答えましょう。

「これは、レモンのにおいですか。」

ほりばたで乗せたお客のしんしが、話しかけました。

「いいえ、夏みかんですよ。」

信号が赤なので、ブレーキをかけてから、運転手の松井さんは、にこにこして答えました。

今日は、六月のはじめ。

夏がいきなり始まったような暑い日です。松井さんもお客も、白いワイシャツのそでを、うでまでたくし上げていました。

「ほう、夏みかんてのは、こんなににおうものですか。」

「もぎたてなのです。いなかのおふくろが、速達で送ってくれました。においまでわたしにとどけたかったのでしょう。」

「ほう、ほう。」

「あまりうれしかったので、いちばん大きいのを、この車にのせてきたのですよ。」

（あまん きみこ 『国語四上 かがやき』光村図書）

① お客のしんしは、何のにおいと思ったのですか。

（　　　）

② 本当は、何のにおいでしたか。

（　　　）

③ ──線は、だれが、だれに答えていますか。

（　　　）が
（　　　）に。

④ だれから夏みかんが送られてきましたか。

（　　　）

⑤ 速達で送られてきたのは、どうしてだと松井さんは考えましたか。

（　　　）から。

⑥ ⑤は送った人のどんな気持ちがあらわれていますか。次の中から選んで、○をつけましょう。

（　　　）ものごとをはやくすすめたい気持ち
（　　　）いつもきちんとしていたい気持ち
（　　　）子どもを思うやさしい気持ち

⑦ うれしかった松井さんは、それをどうしましたか。

（　　　）

名前 _____　月　日

次の文章を読んで、後の問いに答えましょう。

　緑がゆれているやなぎの下に、かわいい白いぼうしが、ちょこんとおいてあります。松井さんは車から出ました。

　そして、ぼうしをつまみ上げたとたん、ふわっと何かが飛び出しました。

「あれっ。」

　もんしろちょうです。あわててぼうしをふり回しました。そんな松井さんの目の前を、ちょうはひらひら高くまい上がると、なみ木の緑の向こうに見えなくなってしまいました。

「ははあ、わざわざここにおいたんだな。」ぼうしのうらに、赤いししゅう糸で、小さくぬい取りがしてあります。

「たけやまようちえん　たけの　たけお」

　小さなぼうしをつかんで、ため息をついている松井さんの横を、太ったおまわりさんが、じろじろ見ながら通りすぎました。

「せっかくのえものがいなくなっていたら、この子は、どんなにがっかりするだろう。」

　ちょっとの間、かたをすぼめてつっ立っていた松井さんは、何を思いついたのか、急いで車にもどりました。

（あまん　きみこ『国語四上　かがやき』光村図書）

① なぜ、松井さんは車から出たのですか。

白い（　　　　　　）が、

（　　　　　　）から。

② ぼうしから飛び出したのは、何ですか。

（　　　　　　）

③ こことは、どこのことですか。

（　　　　　　）

④ ぼうしは、だれのものでしたか。

（　　　　　　）

⑤ なぜ、だれのぼうしかわかったのですか。

（　　　　　　）に、

小さく（　　　　　　）から。

⑥ 松井さんがため息をついたのはなぜですか。

（　　　　　　）

⑦ えものとは何のことですか。

（　　　　　　）

⑧ この子とはだれのことですか。

（　　　）松井さん

（　　　）たけの　たけおくん

（　　　）おまわりさん

⑨ がっかりすると思ったのはなぜですか？

（　　　　　　）

物語文　白いぼうし③

月　日

○ 次の文章を読んで、後の問いに答えましょう。

すると、ぽかっと口を〇の字に開けている男の子の顔が、見えてきます。「おどろいただろうな。まほうのみかんと思うかな。なにしろ、ちょうが化けたんだから——。」

「ふふふっ。」

ひとりでにわらいがこみ上げてきました。

「おや。」

でも、次に、松井さんはあわててました。バックミラーには、だれもうつっていません。ふり返っても、だれもいません。

「おかしいな。」

「おかしいな。」

松井さんは車を止めて、考え考え、まどの外を見ました。

そこは、小さな団地の前の小さな野原でした。

白いちょうが、二十も三十も、いえ、もっとたくさん飛んでいました。クローバーが青々と広がり、わた毛と黄色の花の交ざったたんぽぽが、点々のもように なっています。その上を、おどるように飛んでいるちょうをぼんやり見ているうち、松井さんには、こんな声が聞こえてきました。

「よかったね。」
「よかったよ。」
「よかったね。」
「よかったよ。」

それは、シャボン玉のはじけるような、小さな小さな声でした。

（あまん　きみこ『国語四上　かがやき』光村図書）

① 男の子の顔が見えたとき、松井さんはどう思いましたか。

男の子が（　　　）だろう。

② なぜ、「まほうのみかん」なのですか。

（　　　）が（　　　）に化けたから。

③ 松井さんがあわてているのはなぜですか。

バックミラーには、（　　　）から。

④ そことは、何を指しますか。

（　　　）

⑤ 文に出てくる色を、さがして三つ書きましょう。

ちょう（　　　）
クローバーの（　　　）
たんぽぽの花の（　　　）

⑥ 「よかったね。」「よかったよ。」と言っているのはだれですか。

（　　　）男の子
（　　　）松井さん
（　　　）白いちょう

56

物語文　一つの花①

名前　　　　　　　　　　　月　　日

① 次の文章を読んで、後の問いに答えましょう。

「一つだけちょうだい。」
これが、ゆみ子のはっきり覚えた最初の言葉でした。
まだ戦争のはげしかったころのことです。
そのころは、おまんじゅうだの、キャラメルだの、チョコレートだの、そんなおやつどころではありませんでした。物は、どこへ行ってもありませんでした。食べるものといえば、お米の代わりに配給される、おいもや豆やかぼちゃしかありませんでした。

（今西　祐行『国語四上　かがやき』光村図書）

① このお話は、いつのころのことでしょう。
まだ（　　　　　　）ころのこと。

② ゆみ子が、最初に覚えた言葉は何でしたか。
「　　　　　　　　　　」

③ そんなものとは、どんなものですか。
（　　）（　　）（　　）

② 次の文章を読んで、後の問いに答えましょう。

「この子は一生、みんなちょうだい、山ほどちょうだいと言って、両手を出すことを知らずにすごすかもしれないね。一つだけのいも、一つだけのにぎりめし、一つだけのかぼちゃのにつけ――。みんな一つだけ。一つだけのよろこびさ。一つだけ。いや、よろこびなんて、一つだってもらえないかもしれないんだね。いったい、大きくなって、どんな子に育つだろう。」
そんなとき、お父さんは、きまってゆみ子をめちゃくちゃに高い高いするのでした。

（今西　祐行『国語四上　かがやき』光村図書）

① この子とは、だれのことですか。
（　　　　　　）

② 「みんな」があらわしているものを、三つ書きましょう。
（　　　　　）（　　　　　）
（　　　　　）

③ お父さんは、どんな気持ちでゆみ子を高い高いしたと考えられますか。次の中から選んで、○をつけましょう。
（　　）ゆみ子が、はやく大きくなってほしいから。
（　　）ゆみ子に、遠くを見せてやりたいから。
（　　）ゆみ子がよろこぶことを一つでもしてやりたいから。

物語文 一つの花②

名前

月　日

○ 次の文章を読んで、後の問いに答えましょう。

それからまもなく、あまりじょうぶでないゆみ子のお父さんも、戦争に行かなければならない日がやって来ました。

お父さんが戦争に行く日、ゆみ子は、お母さんにおぶわれて、遠い汽車の駅まで送っていきました。頭には、お母さんの作ってくれた、わた入れの防空頭巾をかぶっていきました。

お母さんのかたにかかっているかばんには、包帯、お薬、配給のきっぷ、そして、大事なお米で作ったおにぎりが入っていました。

ゆみ子は、おにぎりが入っているのをちゃんと知っていましたので、

「一つだけちょうだい。おじぎり、一つだけちょうだい。」

と言って、駅に着くまでにみんな食べてしまいました。お母さんは、戦争に行くお父さんに、ゆみ子の泣き顔を見せたくなかったのでしょうか。

（今西祐行『国語四上 かがやき』光村図書）

① 文は、どんな日のことを書いていますか。
（　　　）が（　　　）に行く日のこと。

② ゆみ子はお母さんにおぶわれて、どうしましたか。
（　　　　　　）汽車の駅まで（　　　　）。

③ ゆみ子は、何をかぶっていきましたか。
（　　　）の（　　　　　　　）。

④ お母さんのかばんには、何が入っていましたか。
（　　）（　　）（　　）（　　）

⑤ お母さんは、だれのために「大事なお米で」おにぎりを作っていましたか。次の中から選んで、○をつけましょう。
（　）戦争に行くお父さん
（　）おなかをすかせたゆみ子

⑥ なぜ、お母さんはゆみ子におにぎりを全部食べさせたのでしょうか。それがわかる文に線を引きましょう。

⑦ 戦争中であることがよくわかる言葉を、次の中から二つ選び、○をつけましょう。
（　）防空頭巾　（　）かばん
（　）配給のきっぷ　（　）汽車の駅

名前

月　日

① 次の文章を読んで、後の問いに答えましょう。

駅には、他にも戦争に行く人があって、人ごみの中から、ときどきばんざいの声が起こりました。また、別の方からは、たえず勇ましい軍歌が聞こえてきました。

ゆみ子とお母さんの他に見送りのないお父さんは、プラットホームのはしの方で、ゆみ子をだいて、そんなばんざいや軍歌の声に合わせて、小さくばんざいをしていたり、歌を歌っていたりしていました。まるで、戦争になんか行く人ではないかのように。

（今西 祐行『国語四上 かがやき』光村図書）

① 駅の人ごみの中からは、どんな声が聞こえてきましたか。二つ書きましょう。

ときどき（　　　）

たえず（　　　）

② 「まるで戦争なんか行く人ではないかのように」していたのはだれですか。

（　　　）

③ なぜそうしたと考えられますか。次の中から選び、○をつけましょう。

（　　　）歌があまり好きではないから。

（　　　）人ごみがいやだったから。

（　　　）戦争には行きたくなかったから。

② 次の文章を読んで、後の問いに答えましょう。

それから、十年の年月がすぎました。

ゆみ子は、お父さんの顔を覚えていません。自分にお父さんがあったことも、あるいは知らないのかもしれません。

でも、今、ゆみ子のとんとんぶきの小さな家は、コスモスの花でいっぱいに包まれています。

（今西 祐行『国語四上 かがやき』光村図書）

① とんとんぶきと同じ使われ方をしているものに、○をつけましょう。

（　　　）かわらぶきの屋根。

（　　　）布でからぶきをする。

（　　　）ふきさらしのテント。

② 「コスモスの花でいっぱいに包まれています。」にこめられた作者の気持ちを、次の中から選んで、○をつけましょう。

（　　　）ゆみ子とお母さんは花がすきなんだろう。

（　　　）コスモスの花と共に、お父さんの思い出が残されているのだろう。

（　　　）庭の手入れがあまりできないほど、生活におわれているのだろう。

名前

月　日

● 次の文章を読んで、後の問いに答えましょう。

これは、わたしが小さいときに、村の茂平（もへい）というおじいさんから聞いたお話です。

昔は、わたしたちの村の近くの中山という所に、小さなお城があって、中山様というおとの様がおられたそうです。

その中山から少しはなれた山の中に、「ごんぎつね」というきつねがいました。

ごんは、ひとりぼっちの小ぎつねで、しだのいっぱいしげった森の中に、あなをほって住んでいました。そして、夜でも昼でも、あたりの村へ出てきて、いたずらばかりしました。畑へ入っていもをほり散らかしたり、菜種がらのほしてあるのへ火をつけたり、百姓家（ひゃくしょう）のうら手につるしてあるとんがらし（とうがらし）をむしり取っていったり、いろんなことをしました。

（新美 南吉『国語四下 はばたき』光村図書）

① このお話は、だれが、だれから聞いたものですか。
（　　）が、村の（　　）の（　　）というおじいさんから聞いたお話。

② 「わたしたちの村の近く」は、昔どんな様子だったと書いてありますか。
小さな（　　）があり、（　　）という（　　）がおられたそうです。

③ 「ごん」はどんなきつねですか。
（　　）の（　　）ぎつね。

④ 「ごん」は、どこに、どのようにすんでいましたか。
（　　）森の中に、（　　）すんでいた。

⑤ 「ほり散らかした」とは、どんな意味ですか。
（　　）ほったあと、ほったらかしにした。
（　　）ほったり、ほらなかったりしていた。
（　　）ほったあと、ていねいにうめていた。

⑥ 「ごん」のしたいたずらを、三つ書きましょう。
（　　）
（　　）
（　　）

物語文 ごんぎつね②

名前 ___ 月 日

○ 次の文章を読んで、後の問いに答えましょう。

兵十がいなくなると、ごんは、ぴょいと草の中から飛び出して、びくのそばへかけつけました。ちょいと、いたずらがしたくなったのです。ごんは、びくの中の魚をつかみ出しては、はりきりあみのかかっている所より下手の川の中を目がけて、ぽんぽん投げこみました。どの魚も、トボンと音を立てながら、にごった水の中へもぐりこみました。

いちばんしまいに、太いうなぎをつかみにかかりましたが、なにしろぬるぬるとすべりぬけるので、手ではつかめません。ごんは、（ １ ）なって、頭をびくの中につっこんで、うなぎの頭を口にくわえました。うなぎは、キュッといって、ごんの首へまきつきました。そのとたんに兵十が、向こうから、

「うわあ、ぬすっとぎつねめ。」

とどなり立てました。ごんは、びっくりして、飛び上がりました。うなぎをふりすててにげようとしましたが、うなぎは、ごんの首にまきついたままはなれません。ごんは、そのまま横っ飛びに飛び出して、一生けんめいににげていきました。

ほらあなの近くのはんの木の下でふり返ってみましたが、兵十は追っかけては来ませんでした。

ごんは、ほっとして、うなぎの頭をかみくだき、やっと外して、あなの外の草の葉の上にのせておきました。

（新美 南吉 『国語四下 はばたき』光村図書）

① 兵十がいなくなると、ごんは何をしましたか。
（　　　　　　　）の中から飛び出して、（　　　　　　　）へ

② ごんはどんな思いで、①のようにしましたか。正しいものに○をつけなさい。
（　）びくの中を見たいな。
（　）魚を取って食べたいな。
（　）ちょっといたずらをしてやろう。

③ （ １ ）にはどの言葉があてはまりますか。次の中から選んで、○をつけなさい。
（　）かなしく
（　）じれったく
（　）うれしく

④ ごんは、うなぎをどうしましたか。
うなぎの（　　　　　）をかみくだいて外し、（　　　　　）の外の草の葉の上に（　　　　　）。

⑤ ④は次のどちらのことがわかりますか。
（　）うなぎを食べようと思った。
（　）うなぎを食べるつもりはなかった。

名前　　　月　日

次の文章を読んで、後の問いに答えましょう。

次の日には、ごんは山でくりをどっさり拾って、それをかかえて兵十のうちへ行きました。

うら口からのぞいてみますと、兵十は、昼飯を食べかけて、茶わんを持ったまま、ぼんやりと考えこんでいました。変なことには、兵十のほっぺたに、かすりきずがついています。どうしたんだろうと、ごんが思っていますと、兵十がひとり言を言いました。

「いったい、だれが、いわしなんかを、おれのうちへ放りこんでいったんだろう。おかげでおれは、ぬす人と思われて、いわし屋のやつにひどいめにあわされた。」

と、ぶつぶつ言っています。

ごんは、「これは（１）。」と思いました。

「かわいそうに、兵十は、いわし屋にぶんなぐられて、あんなきずまでつけられたのか。」

ごんはこう思いながら、そっと物置の方へ回って、その入り口にくりを置いて帰りました。

次の日も、その次の日も、ごんは、くりを拾っては兵十のうちへ持ってきてやりました。

（新美 南吉『国語四下 はばたき』光村図書）

① 兵十のほっぺたに、きずをつけたのは、だれですか。
（　　　　）

② どうして、そうなったのですか。
いわし屋に（　　　　）と思われたから。

③「考えこんでいた」兵十の気持ちを、次の中から選んで、○をつけましょう。
（　）いわしを取りかえされて、くやしいな。
（　）一人だけの食事はさびしいな。
（　）だれが、いわしを放りこんでいったのだろう。

④（１）に入る正しい言葉に○をつけましょう。
（　）うれしい
（　）いやだな
（　）しまった
（　）はずかしい

⑤ この日、ごんが兵十にしたことは何ですか。
（　　　　）

⑥「次の日も、その次の日も」やめなかったのは、なぜですか。
（　）兵十には、めいわくをかけてしまったから。
（　）兵十は、くりが好きだったから。
（　）くりが多くとれて、あまったから。

次の文章を読んで、後の問いに答えましょう。

そのとき兵十は、ふと顔を上げました。（１）、きつねがうちの中へ入ったではありませんか。こないだ、うなぎをぬすみやがったあのごんぎつねめが、またいたずらをしに来たな。

「ようし。」

兵十は立ち上がって、なやにかけてある火なわじゅうを取って、火薬をつめました。

そして、足音をしのばせて近よって、今、戸口を出ようとするごんを、ドンとうちました。

ごんは、ばたりとたおれました。兵十はかけよってきました。うちの中を見ると、土間にくりがかためて置いてあるのが、目につきました。

「おや。」

と、兵十は、びっくりして、ごんに目を落としました。

「ごん、おまい（おまえ）だったのか。いつも、くりをくれたのは。」

ごんは、ぐったりと目をつぶったまま、うなずきました。

（新美 南吉『国語四下　はばたき』光村図書）

① （１）には、かなが一文字入ります。次の中から選び、〇をつけましょう。
（　）が
（　）か
（　）そ
（　）と

② ふと顔を上げた兵十は何を見ましたか。
（　　　）が、（　　　）の を見た。

③ 兵十が、ごんに対してはらを立てていることがわかる言葉を書きましょう。
うなぎを（　　　）あのごんぎつね（　　　）。

④ 兵十のうちの中は、どうなっていましたか。
（　　　）

⑤ 「ごん、おまえだったのか。いつも、くりをくれたのは。」からわかる兵十の気持ちで、正しいと思うものに〇を二つつけましょう。
（　）やっと、いたずらぎつねをしとめたぞ。
（　）お前は、いたずらぎつねじゃなかったんだな。
（　）しまった、じゅうでうつなんてことをするんじゃなかった。
（　）くりなんかくれたって、うなぎのつぐないにはならないぞ。

名前

月　日

次の文章を読んで、後の問いに答えましょう。

　ある日、おじいさんは不思議なことを言った。

　「このプラタナスの木が、さか立ちしているところを考えたことがあるかい。」

　「あらま。木がさか立ち。」

　アラマちゃんが、いつものようにおどろいた。

　「そう。この木がさか立ちするだろう。すると、木のみきや枝葉と同じぐらいの大きさの根が出てくるんだよ。木というのは、上に生えている枝や葉をささえるために、土の中でそれと同じぐらい大きな根が広がって、水分や養分を送っているんだ。」

　「どの木もみんなそうなんですか。」

　今度は、花島君がマーちんの頭ごしにきいた。

　「たいていの木は、大きな根が地面の下ににぎっしり広がっているのさ。だから、このプラタナスの木が公園全体を守っている、といってもいいくらいだ。もし、地上のみきや枝葉がなくなったら、根は水分や養分を送れなくてこまってしまうんだ。」

　マーちんと花島君とクニスケは「ふうん。」と同じような声を出したが、アラマちゃんはやっぱり「（1）。」と言った。

（椎名誠『国語四下　はばたき』光村図書）

① さか立ちしているところを考えるとは、木の何を考えることですか。

（　　　　　　　）

② プラタナスの木の根はどれくらいの大きさですか。

（　　　　　　　）

③ 木の根の働きをまとめて、二つ書きましょう。

（　　　　　　　）
（　　　　　　　）

④ プラタナスの木が公園全体を守るとはどんなことですか。次の中から選んで、〇をつけましょう。

（　）プラタナスの根が公園の地面を支えていること。

（　）プラタナスの葉が日かげを作ること。

（　）プラタナスの木が風よけになること。

⑤ 木の根がこまるとはどういうことですか。

（　　　　　　　）

⑥ （1）に入る言葉を次の中から選んで、〇をつけましょう。

（　）ふうん
（　）あらま
（　）へえー

物語文　プラタナスの木②

名前　　　月　　日

次の文章を読んで、後の問いに答えましょう。

長い夏休みが終わり、新学期が始まった。

プラタナス公園の異変（いへん）を最初に知らせてくれたのは、ハイソックスをずり落としながら走ってきたクニスケだった。プラタナスの木がなくなっている、というのだ。放課後、四人はプラタナス公園に走った。

本当だった。マーちんが、お父さんのふるさとで台風にあっていたころ、当然だけれど、この公園も台風におそわれていたのだ。近所の人に聞くと、プラタナスがたおれかかってきけんだったのだという。マーちんたちがいない間に、大きなプラタナスは切りかぶだけを残して消えてしまっていた。その横には、強い日を浴びて、ベンチがぽつんと置かれている。

公園は、立ち入り禁止になっていた。

「根は、ほられてはいないみたいだ。でも残った根っこはきっとこまっているんだろうね。」

花島君が、かたを落として言った。アラマちゃんは、いつもの口ぐせを言わずにだまっている。

（椎名誠『国語四下　はばたき』光村図書）

① 何が終わり何が始まったのですか。
（　　）が終わり（　　）が始まった。

② プラタナス公園の異変とは何ですか。
（　　）

③ ハイソックスをずり落としながらという表現からクニスケのどんなことがわかりますか。
（　　）きちんとしていなくてだらしない。
（　　）早く伝えたいと急いでいる。
（　　）小さなことに気にしない。

④ 台風でプラタナスの木はどうなってしまいましたか。
（　　）

⑤ 公園はどうなりましたか。
（　　）

⑥ かたを落とすとはどういう意味ですか。
（　　）

⑦ 花島君がかたを落としたのはなぜですか。正しいと思う文に〇をつけましょう。
（　　）公園が立ち入り禁止になってしまったから。
（　　）プラタナスの木が切られていたから。
（　　）残った根っこはこまっているから。

65

名前

月　日

○次の文章を読んで、後の問いに答えましょう。

立ち入り禁止がとけて、また、マーちんたちは、公園に遊びに行くようになった。木が切られてから、おじいさんは公園にすがたを見せなくなっていた。サッカーも前ほど白熱しなくなっていた。

たちは、おじいさんがいつもすわっていた、日かげのなくなったベンチにだまってすわりこんだ。だまっているけれど、みんなが何を考えているかは分かる。

そんなある日、ベンチにすわっていたマーちんは、思いついたように、プラタナスの切りかぶの上に立ってみた。今でも地下に広がっている根のことを想像していたら、そうしたい気持ちになったのだ。

花島君が不思議そうに見ていたので、
「おいでよ。なんだか、根にささえられているみたいだよ。」

と言うと、花島君だけではなく、クニスケもアラマちゃんも切りかぶに乗ってきた。せいの高い花島君を真ん中にして、両手を広げてプラタナスの切りかぶに乗っていると、みんなが木のみきや枝になったみたいだ。

（椎名誠『国語四下　はばたき』光村図書）

① 立ち入り禁止がとけて、マーちんたちはどうしましたか。
（　　　　）

② 日かげがなくなったのはなぜですか。
（　　　　）太陽が雲にかくれたから。
（　　　　）夕方になり太陽がしずんだから。
（　　　　）プラタナスの木が切られたから。

③ みんなは何を考えていたのでしょうか。
なぜ（　　　　）は（　　　　）だろう。

④ そうしたい気持ちとは何をしたい気持ちですか。
（　　　　）

⑤ 切りかぶの真ん中に立っているのはだれですか。
（　　　　）

⑥ みんなの両手は、プラタナスのどこになるのでしょうか。
（　　　　）

⑦ プラタナスの切りかぶに乗ったみんなは何人ですか。
（　　　　）

次の文章を読んで、後の問いに答えましょう。

はしは、三千年以上前に中国で生まれたようです。それ以前は手で食べていたということです。はしは、スープなどを飲むためのれんげやスプーンといっしょに使われていて、それが近くの国々にも広まりました。日本にも、最初ははしとスプーンのセットが入ってきましたが、木の茶わんが使われ、しる物も茶わんをじかに口につける食べ方がふつうになったため、スプーンは使われなくなり、はしだけになりました。

はしでご飯を食べる所は、日本以外に、韓国・中国・ベトナムなどがありますが、国によってその使い方や形がちがいます。

例えば、韓国では、ご飯やスープはスプーンで食べて、おかずを取るときに、金ぞくのはしを使います。韓国では、金ぞくのうつわにご飯やスープを入れるのがふつうで、熱いと持ちにくいため、うつわを置いたまま食べます。それにはスプーンのほうが食べやすいのです。日本のように、ご飯のうつわを手で持つのは、韓国ではぎょうぎが悪いこととされています。

（森枝 卓士『みんなと学ぶ　小学校国語　四年上』学校図書）

① はしは、いつ、どこで生まれましたか。

いつ（　　　　　　　）

どこで（　　　　　　　）

② はしといっしょに使われていたものは何と何ですか。

（　　　　　　　）と（　　　　　　　）

③ 日本がスプーンを使われなくなったのはなぜですか。

（　　　　　　　）が使われ、

（　　　　　　　）食べ方がふつうになったから。

④ はしでご飯を食べる所は、日本以外にどこがありますか。３つ書きましょう。

（　　　）（　　　）（　　　）

⑤ 韓国ではしを使うのはどんなときですか。

（　　　　　　　）

⑥ 韓国でうつわを置いたまま食べるのはなぜですか。

（　　　　　　　）

⑦ ご飯のうつわを手で持つのは、韓国では何とされていますか。

（　　　　　　　）

名前

月　日

次の文章を読んで、後の問いに答えましょう。

中国やベトナムのはしは、日本のものよりも長くできています。大きな皿にもった料理を、みんなの中央に置き、手をのばして食べるからです。日本は、昔から一人一人のおぜんに料理をもったので、短いはしでよかったのです。

また、日本のように家庭内でめいめいが自分せん用のはしを持っているのはめずらしいことです。日本の他には、モンゴルの人々が肉のかたまりを切り分けるナイフとはしがセットになったものを、一人ずつ持っているくらいで、「だれのはし」と決められていないことが多いです。

（1）、同じように中国から伝わった道具であるはしでも、その形や使い方は、それぞれの国の生活のしかたによって、ちがうものになっていったのです。

どんなはしで食べるか、はしで食べるか、まった、どのようにして食べるかということは、その国の食べ物や生活のしかたのちがい、つまり「文化」のちがいからきています。

食べ物や生活のしかたのちがい、つまり「文化」のちがいは、どのような方法で食べるかということは、それぞれの国の「文化」から生まれた人々のちえなのです。

（森枝 卓士『みんなと学ぶ　小学校国語　四年上』学校図書）

① 中国やベトナムのはしが日本より長いのはなぜですか。

　（　　　）料理を、（　　　）に置き、（　　　）食べるから。

② 日本は短いはしでよかったのはなぜですか。

　（　　　　　　　　　　）

③ 自分せん用のはしを持っているのは、日本とどこの国ですか。

　（　　　　　　　　　　）

④ モンゴルで一人ずつセットで持っているものははしと何でしょう。

　（　　　　　　　　　　）

⑤ 食べ物や生活のしかたのちがいのことを別の言葉で何と表現していますか。

　（　　　　　　　　　　）

⑥ （1）に入る言葉を選びましょう。

　（　　　）しかも
　（　　　）そのうえ
　（　　　）このように

次の文章を読んで、後の問いに答えましょう。

テレビでサッカーの試合を放送しています。今はハーフタイム。（1）後半が始まろうとするところで、画面には会場全体がうつし出されています。両チームの選手たちは、コート全体に広がって、体を動かしています。観客席は、ほぼまんいんといっていいでしょう。おうえんするチームの、チームカラーの洋服などを身に着けた人たちでうまっています。会場全体が、静かに、こうふんをおさえて、開始を待ち受けている感じが伝わります。

（2）後半が始まります。画面は、コートの中央に立つ選手をうつし出しました。ホイッスルと同時にボールをける選手です。顔を上げて、ボールをける方向を見ているようです。

初めの画面のように、広いはんいをうつすとり方を「ルーズ」といいます。次の画面のように、ある部分を大きくうつすとり方を「アップ」といいます。何かを伝えるときには、このアップとルーズを選んだり、組み合わせたりすることが大切です。アップとルーズでは、どんなちがいがあるのでしょう。

（中谷 日出 『国語四上 かがやき』光村図書）

① テレビで放送しているのは、何ですか。

�　　　　　　　〜

② 両チームの選手たちは、何をしていますか。

〜　　　　　　　〜

③ コートの中央に立つ選手は、ホイッスルが鳴ると何をしますか。

〜　　　　　　　〜

④ 選手は、顔を上げてどこを見ていますか。

〜　　　　　　　〜

⑤ ルーズとはどんなとり方ですか。

〜　　　　　　　〜

⑥ アップとはどんなとり方ですか。

〜　　　　　　　〜

⑦ 何かを伝えるときに大切なことは何ですか。

〜　　　　　　　〜

⑧（1）（2）に入る言葉を　　から選んで、記号を書きましょう。

（1）〜　　　　　　　〜
（2）〜　　　　　　　〜

ア　いよいよ　イ　もうすぐ　ウ　そのうち

名前

月　日

次の文章を読んで、後の問いに答えましょう。

アップでとったゴール直後のシーンを見てみましょう。ゴールを決めた選手が両手を広げて走っています。ひたいにあせを光らせ、口を大きく開けて、全身でよろこびを表しながら走る選手の様子がよく伝わります。アップでとると、細かい部分の様子がよく分かります。（１）、このとき、ゴールを決められたチームの選手は、どんな様子でいるのでしょう。それぞれのおうえん席の様子はどうなのでしょう。走っている選手いがいの、うつされていない多くの部分のことは、アップでは分かりません。

試合終了直後のシーンを見てみましょう。勝ったチームのおうえん席です。あちこちでふられる旗、たれまく、立ち上がっている観客と、それに向かって手をあげる選手たち。選手とおうえんした人たちが一体となって、しょうりをよろこび合っています。ルーズでとると、広いはんいの様子がよく分かります。（２）、各選手の顔つきや視線、それらから感じられる気持ちまでは、なかなか分かりません。

（中谷 日出 『国語四上 かがやき』 光村図書）

① アップでとると、どんな様子がよく分かりますか。

〔　　　〕

② ルーズでとると、どんな様子がよく分かりますか。

〔　　　〕

③ ルーズでとると、なかなか分からないことは何ですか。

〔　　　〕

④ 次のシーンは、「アップ」か「ルーズ」のどちらでとるのがいいか書きましょう。

・選手の顔つきや視線　〔　　　〕

・おうえん席の様子　〔　　　〕

・ゴールを決めた選手の様子　〔　　　〕

・選手と観客がしょうりをよろこび合っている様子　〔　　　〕

⑤（１）にあてはまる言葉を選んで、○をつけましょう。

〔　　　〕そして
〔　　　〕しかし
〔　　　〕だから

⑥（２）にあてはまる言葉を選んで、○をつけましょう。

〔　　　〕また
〔　　　〕もし
〔　　　〕でも

名前

月　日

次の文章を読んで、後の問いに答えましょう。

写真にも、アップでとったものとルーズでとったものがあります。新聞を見ると、伝えたい内容に合わせて、どちらかの写真が使われていることが分かります。紙面の広さによっては、それらを組み合わせることもあります。取材のときには、いろいろな角度やきょりから、多くの写真をとっています。そして、その中から目的にいちばん合うものを選んで使うようにしています。

同じ場面でも、アップとルーズのどちらで伝えるかによって伝わる内容がかわってしまう場合があります。（１）、送り手は伝えたいことに合わせて、アップとルーズを選んだり、組み合わせたりする必要があるのです。みなさんも、クラスの友達や学校のみんなに何かを伝えたいと思うことがあるでしょう。そのときには、ある部分を細かく伝える「アップ」と、広いはんいの様子を伝える「ルーズ」があることを思い出しましょう。そうすることで、あなたの伝えたいことをより分かりやすく、受け手にとどけることができるはずです。

写真にも、アップでとったものとルーズでとったものがあります。新聞を見ると、伝えたい内容に合わせて、どちらかの写真が使われていることが分かります。

（中谷 日出『国語四上 かがやき』光村図書）

① それらとは、何と何のことですか。
（　　　　）

② その とは何のことですか。
（　　　　）

③ 同じ場面でも、アップとルーズのどちらで伝えるかによって何がかわりますか。
（　　　　）

④ （１）に入る言葉を選んで、○をつけましょう。
（　　）にもかかわらず
（　　）それどころか
（　　）だからこそ

⑤ アップとルーズはどんな様子を伝えるときに使いますか。
アップ…（　　）伝える
ルーズ…（　　）伝える

⑥ 文をせつ明しているものを、次の中から選んで、○をつけましょう。
（　　）アップとルーズのどちらかだけを使うとよく伝わる。
（　　）よりよく伝えるためにアップとルーズをいつも両方使う。
（　　）伝えたいことに合わせてアップとルーズを選んだり、組み合わせたりする。

次の文章を読んで、後の問いに答えましょう。

ヤドカリの仲間で、さんごしょうに多いソメンヤドカリは、貝がらにイソギンチャクを付けて歩き回っています。観察してみると、ソメンヤドカリは、たいてい二つから四つのベニヒモイソギンチャクを、貝がらの上に付けています。中には、九つものイソギンチャクを付けていたヤドカリの例も記録されています。このようなヤドカリのすがたは、いかにも重そうに見えます。

なぜ、ヤドカリは、いくつものイソギンチャクを貝がらに付けているのでしょうか。

このことを調べるために、次のような実験をしました。

まず、おなかをすかせたタコのいる水そうに、イソギンチャクを付けていないヤドカリを放します。タコはヤドカリが大好物なので、長いあしですぐヤドカリをつかまえ、貝がらをかみくだいて食べてしまいます。

次に、イソギンチャクを付けているヤドカリを入れてみます。タコは、ヤドカリをとらえようとしてしきりにあしをのばしますが、イソギンチャクにふれそうになると、あわててあしを引っこめてしまいます。ヤドカリが近づくと、タコは後ずさりしたり、水そうの中をにげ回ったりします。

（武田正倫『新しい国語　四上』東京書籍）

① ソメンヤドカリは、主にどこに住んでいますか。

（　　　　　　　　　）

② ソメンヤドカリは、貝がらに何を付けていますか。

（　　　　　　　　　）

③ このこととは何のことですか。

（　　　　　　　　　）

④ 実験のため水そうにいるタコはどんな状態のタコですか。

（　　　　　　　　　）

⑤ ソメンヤドカリは、ふつういくつのイソギンチャクを貝がらに付けていますか。

（　　　　　　　　　）

⑥ ふつう、タコはどのようにしてヤドカリを食べますか。

（　　　　　　　　　）

⑦ 実験のタコは、イソギンチャクにふれそうになるとどうなりますか。

（　　　　　　　　　）

⑧ ヤドカリがタコに近づくと、タコはどうなりますか。

タコは（　　　　　　）したり、（　　　　　　）する。

次の文章を読んで、後の問いに答えましょう。

実は、イソギンチャクのしょく手は、何かがふれるとはりが飛び出す仕組みになっています。そのはりで、魚やエビをしびれさせて、えさにするのです。タコや魚はこのことをよく知っていて、イソギンチャクに近づこうとはしません。それで、ヤドカリは、イソギンチャクを自分の貝がらに付けることで、敵から身を守ることができるのです。

では、ヤドカリは、石に付いたイソギンチャクを、どうやって自分の貝がらにうつすのでしょうか。ヤドカリが、イソギンチャクのはりでさされることはないのでしょうか。

ヤドカリとイソギンチャクの関係を研究しているカナダのロス博士は、ヤドカリとイソギンチャクがどのようにしていっしょになるのか、水そうで観察しました。

ソメンヤドカリを飼っている水そうに、石などに付いたベニヒモイソギンチャクを入れます。ヤドカリは、自分の貝がらにイソギンチャクを付けていても、イソギンチャクを見れば、いくつでもほしくなるようです。すぐ近づいてきて、あしを使ってイソギンチャクの体をつついたり、両方のはさみで引っぱったりして、かかえるようにして自分の貝がらの上におし付けるのです。ずいぶん手あらな方法に見えますが、イソギンチャクはしょく手をのばしたままで、いっかにも気持ちよさそうに見えます。はりも飛び出しません。

そして、イソギンチャクをはがしてしまって、イソギンチャクを自分の貝がらに付けるあいだ、イソギンチャクはどうしていますか。

（武田 正倫『新しい国語 四上』東京書籍）

① イソギンチャクのしょく手は、何かにふれるとどんな仕組みになっていますか。
（　　　　　　）

② イソギンチャクのはりで、魚やエビをどうするのですか。
（　　　　　　）

③ ヤドカリは、イソギンチャクを自分の貝がらにつけることで、どんなことができるのですか。
（　　　　　　）

④ 次の文はヤドカリがイソギンチャクを自分の貝がらに付ける様子を表しています。（　　）にあてはまる言葉を書きましょう。あしを使ってイソギンチャクの体を（　　　）。
両方のはさみで（　　　　）。
イソギンチャクをかかえるようにして、自分の貝がらの上に（　　　）。

はがす　引っぱる　おし付ける　つつく

⑤ ヤドカリがイソギンチャクを自分の貝がらに付けるあいだ、イソギンチャクはどうしていますか。
（　　）付かないようににげまわる。
（　　）しょく手をのばしたまま、はりも出さない。
（　　）自分からやどかりに付こうとする。

説明文　ヤドカリとイソギンチャク③

名前

月　日

次の文章を読んで、後の問いに答えましょう。

では、イソギンチャクは、ヤドカリの貝がらに付くことで、何か利益があるのでしょうか。

ヤドカリに付いていないベニヒモイソギンチャクは、ほとんど動きません。ですから、えさになる魚やエビが近くにやってくるのを待つしかありません。（1）、ヤドカリに付いていれば、いろいろな場所に移動することができるので、その結果、えさをとる機会がふえます。（2）、ヤドカリの食べのこしをもらうこともできるのです。

さんごしょうの美しい海では、いくつものベニヒモイソギンチャクを貝がらに付けた、ソメンヤドカリを見ることができます。ヤドカリとイソギンチャクは、たがいに助け合って生きているのです。

（武田 正倫『新しい国語 四上』東京書籍）

① ベニヒモイソギンチャクのえさは何でしょうか。
（　　　）

② ヤドカリに付いたイソギンチャクのえさをとる機会が増えるのはなぜですか。
（　　　）

③ （1）にあてはまる言葉を選んで、○をつけましょう。
（　）そして
（　）しかし
（　）しかも

④ （2）にあてはまることばを選びましょう。
（　）だから
（　）しかし
（　）また

⑤ ベニヒモイソギンチャクを貝がらに付けたソメンヤドカリが見られるのはどこですか。
（　　　）

⑥ ヤドカリとイソギンチャクの関係で正しい文に○をつけましょう。
（　）ヤドカリはイソギンチャクをえさにしている。
（　）イソギンチャクはヤドカリに付いているのでえさをとることができない。
（　）ヤドカリとイソギンチャクはたがいに助け合っている。

次の文章を読んで、後の問いに答えましょう。

実験は、まず、花だんの花を使って始めました。花だんには、赤・黄・むらさき・青と、四種類の色の花がさいています。少しはなれた所で、生まれてから花を見たことのないもんしろちょうを、いっせいに放しました。

もんしろちょうは、いっせいに、花だんに向かってとんでいきます。もんしろちょうは、生まれながらに、花を見つける力を身につけているようです。

花だんは、たちまち、ちょうでいっぱいになってしまいました。注意して見ると、ちょうのよく集まる花と、そうでない花とがあります。むらさきの花と、そうでない花とがあります。赤い花には、あまり来ていないようです。もんしろちょうは、赤い花には、あまり集まっていますが、赤い花には、あまり来ていないようです。もんしろちょうは、色で花を見つけているのでしょうか。

（1）、そう決めてしまうのは、ちょっと早すぎます。たまたま、花だんに植えた赤い花が、おいしそうなにおいを出していないのかもしれないからです。色か、においか、――そこのところをたしかめるには、別の実験をしなければなりません。

（吉原 順平『ひろがる言葉 小学国語 四上』教育出版）

① 実験は、まず何を使って始めましたか。
（　　　　　　）

② 花だんには、何色の花がさいていますか。
（　　　　　　）

③ もんしろちょうが、生まれながらに、花を見つける力を身につけているのは、どんなことからわかりますか。
（　　　　　　）

④ ちょうのよく集まる花とあまり集まらない花は何色の花ですか。
よく集まる花……（　　　　　　）
あまり集まらない花…（　　　　　　）

⑤ （1）に入る言葉を選んで、〇をつけましょう。
（　　）でも
（　　）もし
（　　）また

⑥ もんしろちょうは、色で花を見つけると決めてしまうのは早すぎるのはなぜですか。
（　　　　　　）

⑦ 別の実験でたしかめることは花の何と何ですか。
（　　　　　　）

次の文章を読んで、後の問いに答えましょう。

そこで、今度は、においのしないプラスチックの造花を使うことにしました。色は、花だんのときと同じ赤・黄・むらさき・青の四種類です。

もんしろちょうを放すと、やはり、まっすぐに造花に向かってとんでいきました。止まって、みつをすおうとするものもいます。プラスチックの造花には、みつもないし、においもありません。

(1)、もんしろちょうは、においではなく、花の色か形にひかれていると考えられるでしょう。そして、造花の場合も、赤い花には、あまりやってきませんでした。

（吉原 順平『ひろがる言葉 小学国語 四上』教育出版）

① 今度の実験は、何を使いますか。

〔　　　　　　〕

② 何種類の色を使いますか。

〔　　　　　　〕

③ もんしろちょうは造花にどのように飛んでいきましたか。

〔　　　　　　〕

④ ③のあと、ちょうはどんなことをするものがいましたか。

〔　　　　　　〕

⑤ プラスチックの造花にないものは何と何ですか。

〔　　　　　　〕

⑥ (1) に入る言葉を選んで、○をつけましょう。

〔　　〕なぜなら
〔　　〕けれども
〔　　〕ですから

⑦ もんしろちょうは、花の何にひかれていると考えられますか。

〔　　　　　　〕

⑧ 造花の場合にも、やってこなかった色の花は何色ですか。

〔　　　　　　〕

名前

月　日

次の文章を読んで、後の問いに答えましょう。

次の実験では、花の代わりに、四角い色紙を使ってみました。色紙にも集まってくれれば、花の形が問題なのではなく、色だけが、もんしろちょうをひきつけているということになるでしょう。用意した色は、前と同じ四種類です。もんしろちょうは、色紙を花だと思ってくれるでしょうか。

いよいよ、二百ぴきほどのもんしろちょうを放してみました。ただの紙なのに、やはり、ちょうは集まってきます。むらさきの色紙に止まったものもいます。黄色の色紙に止まったものもいます。止まったちょうは、長い口をのばして、みつをすおうとしています。もんしろちょうは、色紙を花だと思っているようです。

集まり方を色別に調べてみました。最も多く集まったのがむらさき、次に多かったのが黄色、青に来たものは少なく、赤には、ほとんど来ませんでした。念のため、赤い色紙にみつをつけたものを用意してみましたが、これにもちょうは来ませんでした。

（吉原　順平『ひろがる言葉　小学国語　四上』教育出版）

① 次の実験では、何を使いましたか。
（　　　　　　　　　　　）

② この実験で、どんなことがわかりますか。
（　　　　　　　　　　　）

③ ただの紙にちょうは集まってきましたか。
（　　　　　　　　　　　）

④ 止まったちょうは何をしようとしていますか。
（　　　　　　　　　　　）

⑤ 集まり方の多い色を順に書きましょう。
（　　　）→（　　　）
↓
（　　　）→（　　　）

⑥ このあと、念のために何をしましたか。
（　　　　　　　　　　　）

⑦ 実験で分かったことを、次の中から選んで、○をつけましょう。
（　　）もんしろちょうは、花の形の色紙に集まってきた。
（　　）もんしろちょうは、色紙を花だとずっと思っているらしい。
（　　）赤い色紙にみつをつけると、ちょうはやってきた。

名前

月　日

次の文章を読んで、後の問いに答えましょう。

日本では、くらしの基本である「衣食住」のどれにも、「和」と「洋」が入り交じっています。「衣」には和服と洋服があり、「食」には和食と洋食があり、「住」には和室と洋室があります。「和」は、伝統的な日本の文化にもとづくもので、「洋」は、主として欧米の文化から取り入れたものを指します。

ここでは、「衣食住」の中の「住」を取り上げ、日本のくらしの中で「和」と「洋」それぞれの良さがどのように生かされているか、考えてみましょう。

和室と洋室の最も大きなちがいは、ゆかの仕上げ方とそこに置かれる家具だといってよいでしょう。和室は、ゆかにたたみをしいて仕上げ、あまり家具を置かないようにします。一方、ほとんどの洋室は、板をはったり、カーペットをしいたりしてゆかを仕上げ、いすやテーブル、ベッドなど、部屋の目的に合わせた家具を置きます。このちがいが、それぞれの部屋の中でのすごし方や、部屋の使い方の差を生み出すと考えられます。

（『新しい国語　四下』東京書籍）

① 「衣食住」の中の「和」と「洋」は何と何ですか。それぞれ答えましょう。

「衣」…（　　　）（　　　）
「食」…（　　　）（　　　）
「住」…（　　　）（　　　）

② 「和」はどこの文化にもとづくもので、「洋」はどこの文化から取り入れたものですか。

和（　　　）
洋（　　　）

③ 和室と洋室の最も大きなちがいは何ですか。

（　　　）（　　　）

④ 次の文は和室と洋室のどちらを表していますか。和室なら「和」、洋室なら「洋」と書きましょう。

ゆかにたたみをしく
（　　　）
板をはったりカーペットをしいたりする
（　　　）
あまり家具を置かない
（　　　）
部屋の目的に合わせた家具を置く
（　　　）

⑤ 和室と洋室のちがいが生み出すものは何ですか。二つ書きましょう。

（　　　）
（　　　）

説明文 くらしの中の和と洋 ②

○ 次の文章を読んで、後の問いに答えましょう。

　和室、洋室でのすごし方には、それぞれどんな良さがあるのでしょうか。

　和室のたたみの上では、いろいろなしせいをとることができます。きちんとした場では正ざをし、くつろぐときにはひざをくずしたり、あぐらをかいたりしてすわります。ねころぶこともできます。

　人と人との間かくが自由に変えられるのもたたみの良さです。相手が親しければ近づいて話し、目上の人の場合には少しはなれて話すというように、自然にきょりの調節ができます。また、たたみの場合には、多少人数が多くても、間をつめればみんながすわれます。

　洋室で使ういすには、いろいろな種類があります。くつろぐ、勉強をするなど、それぞれの目的に合わせたしせいがとれるように、形がくふうされています。ですから、長時間同じしせいですわっていても、つかれが少なくてすみます。

　いすの良さは、すわっているじょうたいから、いすにすわっているじょうたいから、いすにすわっているじょうたいから、次の動作にうつるのがかん単であることも、いすの良さです。体の重みを前方にうつし、こしをうかせれば立ち上がれます。上半身の移動もわずかです。

（『新しい国語 四下』東京書籍）

① 和室では、どこにすわりますか。
　（　　　　　　　　　）の上

② 和室では、どんなしせいをとることができますか。四つ書きましょう。
　（　　　　　）（　　　　　）
　（　　　　　）（　　　　　）

③ ②のほかにたたみの良さは何ですか。
　（　　　　　　　　　　　　　　）

④ 洋室では、どこにすわりますか。
　（　　　　　　　　　　　　　　）

⑤ いすの良さは何ですか。二つ書きましょう。
　・すわっていても、
　（　　　　　　　　　）すむ。
　・（　　　　　　　　　）じょうたいから、
　（　　　　　　　　　）かん単。

⑥ 「心身をゆったり休める」という意味の言葉を文中から探して書きましょう。
　（　　　　　　　　　　　　　　）

名前

月　日

次の文章を読んで、後の問いに答えましょう。

次に、部屋の使い方という点から、それぞれにどんな良さがあるか考えてみましょう。

初めてたずねた家の部屋であっても、それが洋室であれば、何に使う部屋かということは大体見当が付きます。それは、そこに置いてある家具で分かるのです。それぞれの部屋の家具は、その部屋をより使いやすくするために置かれます。（1）、食事をする、勉強をする、ねるといった目的に合わせて、テーブルやいす、勉強づくえ、ベッドが置かれます。

洋室は、その部屋で何をするかがはっきりしていて、そのために使いやすくつくられているのです。

これに対して、和室は、一つの部屋をいろいろな目的に使うことができるという良さがあります。（2）、家にお客さんがやってきて、食事をし、とまっていくことになったという場合を考えてみましょう。洋室だけしかないとすると、少なくとも食事をする部屋、とまってもらう部屋が必要になります。しかし、和室が一部屋あれば、そこでざぶとんをしいて話をし、ざたくに料理をならべて食事をし、かたづけてふとんをしくことができます。

（3）見てくると、和室と洋室には、それぞれ良さがあることが分かります。わたしたちは、その両方の良さを取り入れてくらしているのです。

（『新しい国語　四下』東京書籍）

① 洋室の部屋を見て、何に使う部屋かは何で見当がつきますか。

（　　　　　　　　　　）

② 和室の使い方の良さはなんですか。

（　　　　　　　　　　）

③ （1）（2）には同じ言葉が入ります。正しいものを選んで○をつけましょう。

（　）つまり
（　）例えば
（　）だから

④ （3）に入る言葉を、選んで○をつけましょう。

（　）このように
（　）もっと
（　）くわしく

⑤ 文からわかることは次のどれですか。（　）に○を二つ入れましょう。

（　）洋室より和室のほうが使いやすい。
（　）日本では洋室と和室の良さを取り入れてくらしている。
（　）日本では和室が少なくなり洋室がふえた。
（　）日本では和室が一部屋あればじゅうぶんである。
（　）和室と洋室にはそれぞれの良さがある。

名前

月 日

次の文章を読んで、後の問いに答えましょう。

まず、和紙のよさについて考えてみましょう。和紙には、洋紙とくらべて、やぶれにくく、長もちするという二つのとくちょうがあります。このようなちがいは、何によって生まれるのでしょうか。

紙のやぶれにくさは、せんいの長さのちがいが関係しています。紙は、そこにふくまれるせんいが長いほど、よりやぶれにくくなります。そして、洋紙と和紙をくらべると、和紙はとても長いせんいでできています。そのため、和紙は、洋紙よりもやぶれにくいのです。

紙が長もちするかどうかは、作り方のちがいによります。洋紙を作るときには、とても高い温度にしたり、多くの薬品を使ったりします。（1）、和紙を作るときには、洋紙ほど高い温度にすることはなく、薬品もあまり使いません。よりおだやかなかんきょうで作られている和紙は、時間がたっても紙の成分が変化しにくく、その結果、長もちするのです。

（増田 勝彦『国語四下 はばたき』光村図書）

① 洋紙とくらべたときの、和紙のとくちょうを二つ書きましょう。

〇〇〇

② 紙のやぶれにくさは何が関係していますか。

〇〇〇

③ 紙はどうするほど、よりやぶれにくくなるのですか。

〇〇〇

④ 洋紙と和紙でせんいが長いのはどちらですか。

〇〇〇

⑤ 洋紙を作るときにすることを二つ書きましょう。

〇〇〇

⑥ （1）に入る言葉を選んで、〇をつけましょう。

〇〇〇 だから
〇〇〇 つまり
〇〇〇 しかし

⑦ おだやかなかんきょうとは、ここではどんなことをさしていますか。

〇〇〇

名前

月　　日

次の文章を読んで、後の問いに答えましょう。

もう一つ、わたしが、より多くの人に和紙を使ってほしいと考えるのには、やぶれにくく、長もちするということ以外にも理由があります。かつては、ヨーロッパの国々でも、和紙とは原材料がことなるものの、さかんに人の手によって紙が作られていました。（1）、今では、そのような場所は、一か国に、一、二か所ぐらいしかのこっていません。いっぽう、日本には、人の手で和紙を作っている所が、今も、二百か所ほどあります。なぜ、日本には、和紙を作っている所がこんなにものこっているのでしょうか。

（2）、わたしたちが、和紙の風合いを美しいと感じ、自分の気持ちを表す方法の一つとして、和紙を選んで使ってきたからなのではないかと考えています。

今からおよそ千年前の平安時代、短歌を書くときには、美しくかざられたきれいな和紙が使われていました。洋紙があるげんざいでも、手紙を書くための便せんを買いに行けば、和紙でできたものもならんでいて、受け取る相手や伝えたい気持ちに合わせて、それらを選ぶ人がいます。

（増田　勝彦『国語四下　はばたき』光村図書）

① （1）にあてはまる言葉を選んで、○をつけましょう。
（　）しかも
（　）それとも
（　）けれども

② そのような場所とは、何をさしていますか。
（　）

③ 日本で、人の手で和紙を作っている所は、今何か所ほどありますか。
（　）

④ （2）にあてはまる言葉を選んで、○をつけましょう。
（　）しかし
（　）それは
（　）まず

⑤ 「風合い」の読み方を書き、正しい意味を選んで○をつけましょう。
読み方（　）
意味
（　）きれいで長もちすること
（　）見た感じ
（　）かおりやあじわい

⑥ 和紙を買う人は、何に合わせて和紙を選んでいるのですか。二つ書きましょう。
（　）（　）

名前

月　　日

次の文章を読んで、後の問いに答えましょう。

わたしは、自分のことをしょうかいするめいしを和紙で作っています。かんたんにはやぶれない、長もちする和紙を使うことで、わたしした相手との出会いを大切にしている気持ちを表しているのです。

孫にお年玉をあげるときにも、和紙のふくろを使います。よりよろこんでもらいたいという思いから、ぬくもりのある美しい和紙を選ぶのです。

このように、和紙のもつよさと、使う紙を選ぶわたしたちの気持ちによって、長い間、和紙は作られ、さまざまなところで使われ続けてきたのだと、わたしは考えています。そして、和紙を作るぎじゅつは、世界にほこれる無形文化遺産になりました。みなさんは、今、洋紙だけでなく、和紙を選ぶこともできます。美しくかざりたいと思ったり、相手によろこんでもらいたいと考えたりして、紙を選ぶことは、とてもすてきなことです。みなさんも、世界にほこる和紙を、生活の中で使ってみませんか。

（増田　勝彦　『国語四下　はばたき』光村図書）

① めいしに使う和紙のとくちょうを二つ書きましょう。

（　　　　　　　　　　　　）

（　　　　　　　　　　　　）

② 自分のことをしょうかいするめいしを和紙で作っているのはなぜですか。

（　　　　　　　　　　　　　　　　　　　）

③ 孫にお年玉をあげるときにも、和紙を使うのはなぜですか。

（　　　　　　　　　　　　　　　　　　　）

④ 次の文を読んで、正しいものに○をつけましょう。

（　）和紙は洋紙よりすぐれている。

（　）和紙を使うと洋紙より気持ちが伝わりやすい。

（　）和紙のよさと選ぶ人の気持ちによって和紙は使われ続けてきた。

（　）美しくかざりたいときや相手によろこんでもらいたいときは必ず和紙を使う。

（　）相手や自分の気持ちにおうじて紙を選ぶことはすてきなことだ。

名前

月 日

次の文章を読んで、後の問いに答えましょう。

わたしはアメリカで、日本語を勉強している小学生に数え方を教えたことがあります。子どもたちは授業でしばらく日本語を学んできましたが、ふだんは外国語で生活しています。ある日、わたしはかれらにニンジンの数え方を聞いてみました。正しい答えは「一本」なので、それを期待していたのですが、あがった声は意外なものでした。子どもたちからは、

1

「ぼくはニンジンが好きだから『一好き、二好き』がいいと思う。」

と、びっくりするような新しい数え方が飛び出したのです。アメリカの子どもたちは、ニンジンを見たときに、細長いということだけでなく、ほかの特ちょうに気づいたり、好きかきらいかということを考えたりして、自分たちで数え方を生みだしていたのです。

2

(飯田 朝子『新しい国語 四下』東京書籍)

① わたしが日本語を勉強している小学生に数え方を教えたのはどこの国ですか。

（　　　）

② その小学生は、ふだんはどんな言葉で生活していますか。

（　　　）

③ わたしは何の数え方を聞いてみたのですか。

（　　　）

④ それとは何をさしていますか。

（　　　）

⑤ 1 2 には、アイのどの文が入りますか。選んで記号を書きましょう。

ア「ニンジンは固くてガリガリかじらなくちゃいけないから『一ガリ、二ガリ』です。」

イ「ちがいます。オレンジ色をしているから、ニンジンは『一オレンジ、二オレンジ』だと思います。」

1 （　　　） 2 （　　　）

⑥ 新しいニンジンの数え方を考えて、書きましょう。

（　　　）

次の文章を読んで、後の問いに答えましょう。

日本語を正しく使うために正しい数え方を身につけることは、とても大切です。（１）、それはわたしたちのものの見方をせばめてしまうこともあります。ニンジンを見てもえん筆を見ても、それらを「本」と数えるときには、細長いという特ちょうにしか目が行かなくなるのです。

改めて気づくのは、日本語の数え方には色やにおい、固さや手ざわり、温度、味、古さ、好ききらいなどを表すものがないということです。もし、こういった特ちょうを表す数え方が生まれたら、日本語はもっと便利で表情ゆたかになるかもしれません。数え方は、今あるものを正しく覚えて使うだけでなく、新しく生みだすことだってできるのです。そんなことができるのかと思うかもしれませんが、このような例は、日本語の歩みの中ではめずらしいことではありません。

（飯田 朝子『新しい国語　四下』東京書籍）

① 日本語を正しく使うために大切なことは何ですか。

〔　　　　　〕

② （１）にあてはまる言葉を選んで、○をつけましょう。

〔　　　〕だから
〔　　　〕しかし
〔　　　〕このように

③ 正しい数え方を身につけることが、ものの見方をせばめてしまうこととはどんなことですか。

〔　　　　　〕

④ ニンジンやえん筆を「本」と数えると目が行かなくなることは何でしょう。

〔　　　　　〕

⑤ 日本語にはない特ちょうを表す数え方とは何でしょう。

〔　　　　　〕

⑥ 特ちょうを表す数え方が生まれると日本語はどうなるでしょう。

〔　　　　　〕

⑦ そんなこととは何をさしていますか。

〔　　　　　〕

○次の文章を読んで、後の問いに答えましょう。

その後にも、数え方は生まれ続けています。家は「一けん」と数えますが、マンションなどの大がたの集合住たくの場合には、「一とう」と数えることが多いようです。近年は広告などで、ごうかな建物を連想させる「一てい」という言葉も使われています。にぎりずしの「一かん」も、記録によると、江戸時代からあるのではなく、にぎりずしをおいしそうに数えるために、昭和時代の終わりに生まれたもののようです。

（1）、数え方は、いろいろな発想をもって生みだすことができます。これまで受けつがれてきた言い方を正しく使っていくことは、もちろん大切ですが、一方で、新しいものを生みだせるという、言葉のじゅうなんさにも目を向けることが大切です。

（飯田朝子『新しい国語　四下』東京書籍）

① 家は何と数えますか。
（　　　）

② マンションなどの大がたの集合住たくは何と数えますか。
（　　　）

③ 近年、ごうかな建物を連想させる数え方は何ですか。
（　　　）

④ にぎりずしの「一かん」という数え方はいつ生まれましたか。
（　　　）

⑤ それはなんのために生まれたのですか。
（　　　）

⑥ （1）に入る言葉を選んで、○をつけましょう。
（　）このように
（　）そのかわり
（　）それなのに

⑦ 数え方で大切なことを二つ書きましょう。
（　　　）
（　　　）

名前

月　日

百人一首は、百人の人の短歌を一首ずつ（短歌は一首、二首と数える）集めたもので、かるたにもなっています。

短歌は、「和歌」ともいい、五・七・五・七・七の三十一音で作られています。

● 声に出して読んでみましょう。

● 天の原　ふりさけ見れば　春日なる

　三笠の山に　出でし月かも

安倍　仲麻呂

意味　大空を見上げてみると月が見える。あれは故郷の春日の三笠の山に出た月だなあ。

● あらしふく　三室の山の　もみぢ葉は

　竜田の川の　※錦なりけり

能因法師

意味　あらしがふいて散った三室山のもみじの葉は、竜田川の水面にういて美しい錦のようになっていることだ。

※綿＝絹地に、色のついた糸や金や銀の糸でもようをつけたぬの。

● 大江山　いく野の道の　遠ければ

　まだふみもみず　天の橋立

小式部　内侍

意味　大江山から生野への道は遠いので、天の橋立までいったことはありません。し、（母からの）手紙も見ていません。

作者の母は、才能あふれた歌人として知られていましたが、当時は丹波という遠いところに行って不在にしていました。「今日、歌合せで読む歌を、丹波のお母さんに作ってもらいましたか」とからかわれたときに、この歌を詠んだのです。

作者が歌合せによばれ意地悪を言われたときに、とっさに返した歌です。

ことわざ

名前 _____

月 ___ 日 ___

「ことわざ」は、昔から人々の中で語り伝えられたことばです。

生活の中でのかんたんな教えや、いましめ（やったらいけないことを注意すること）の意味をふくんでいます。

笑う門には福来たる

いつも笑いがある家には、自然と幸福がめぐってくるという意味。

次のことわざの意味を国語辞典で調べましょう。また、ことわざを覚えて、生活の中で使ってみましょう。

① 頭かくして　しりかくさず

　（　　　　　　　　　　　）

② 急がば　回れ

　（　　　　　　　　　　　）

③ ちりも　積もれば　山となる

　（　　　　　　　　　　　）

④ 能ある　鷹は　つめを　かくす

　（　　　　　　　　　　　）

⑤ 人のふり　見て　我がふり　直せ

　（　　　　　　　　　　　）

⑥ 負けるが　勝ち

　（　　　　　　　　　　　）

国語**4**年生
習熟プリント

答え

 答え方のワンポイントアドバイスつき❗

[P.4] 送りがな①

名前　　　　　月　日

① 次の漢字の送りがなで、正しいものを選んで、○をつけましょう。

① 固（　）ため
- 固（　）ためる
- 固（　）める
- 固（　）固める

② 散（　）
- 散らかす
- 散かす
- 散らす

③ 働（　）
- 働らく
- 働たらく
- 働く

④ 試（　）
- 試みる
- 試る
- 試ろみる

⑤ 治（　）
- 治める
- 治さめる
- 治る

⑥ 幸（　）
- 幸せ
- 幸わせ
- 幸あわせ

② 次の漢字の送りがなで、正しい方を選んで、○でかこみましょう。

① 生（える・る）
② 覚（える・る）
③ 改（める・る）
④ 浴（びる・る）
⑤ 願（う・がう）
⑥ 止（める・る）
⑦ 残（す・こす）
⑧ 包（む・る）
⑨ 変（える・る）
⑩ 老（いる・る）
⑪ 満（つ・ちる）
⑫ 変（わる・る）
⑬ 付（ける・る）
⑭ 唱（える・る）
⑮ 栄（える・る）

③ 送りがなのちがいに注意して、――の漢字に読みがなを書きましょう。

① 苦い薬を飲む。　にが（　）
　苦しい時もがんばろう。　くる（　）
② 野球チームに入る。　はい（　）
　ボールをゴールに入れる。　い（　）
③ 細い道を走った。　ほそ（　）
　細かいすなを残した。　こま（　）
④ 少しだけ残した。　すこ（　）
　少ない水しか残っていない。　すく（　）
⑤ 雨が上がった。　あ（　）
　坂を上って行く。　のぼ（　）

🐻 ガンバレ ガンバレ♪

[P.6] いろいろな言葉の使い方

名前　　　　　月　日

① 次の――の言葉を、ていねいな言い方にかえましょう。

① ぼくは、昨日、サッカーの試合で勝った。（勝ちました）
② わたしは、お母さんに本を買ってもらった。（買ってもらいました）
③ そのバナナを、ぼくが食べようと思っていた。（思っていました）
④ わたしが道で転んだとき、先生が来てくれた。（来てくれました）

② 次の赤ちゃんことばの意味を、　　から選んで、記号で書きましょう。

① あんよ（エ）
② ワンワン（ウ）
③ ブーブー（オ）
④ まんま（イ）
⑤ ポンポン（ア）

ア おなか　イ 犬　ウ ごはん　エ 足　オ 車

③ 次の――の言葉は、全国各地の言葉です。共通語にするとどんな意味になりますか。　　から選んで、記号を書きましょう。

① 空港に下りると、笑顔で「めんそーれ」と言われた。（オ）
② 今日から二月で、外はなまら寒かった。（ア）
③ 「あ！山田さん、やっとかめだねえ。」（イ）
④ ボールが急にとんできて、本当におぶけた。（ウ）
⑤ 「これ、あげるよ」「おおきに！」（エ）

ア とても　イ ひさしぶり　ウ おどろいた　エ ありがとう　オ いらっしゃい

④ 次の言葉は、会話のときなどにくだけた言い方でよく使います。例にならって、くだけた言い方にかえましょう。
〈例〉母（お母さん）

① 父（お父さん）
② 祖母（おばあ　さん）
③ 医師（お医者　さん）
④ 教師（先生　）
⑤ 姉（お姉さん）
⑥ 明日（あした）
⑦ 食事（ごはん）
⑧ おどろく（びっくりする）
⑨ 話す（しゃべる）

※答えは、例です。

🐻 ファイト

[P.5] 送りがな②（かなづかい）

名前　　　　　月　日

① 次の――の言葉の送りがなを書きましょう。

① はじめての朝。　初（めて）
② 名前をつけられる。　連（れる）
③ お湯をさます。　冷（ます）
④ 町がさかえる。　栄（える）
⑤ コマをまわす。　回（す）
⑥ いさましい人。　勇（ましい）
⑦ ねだんがやすい。　安（い）
⑧ しずかにする。　静（かに）
⑨ ながいひも。　長（い）

② 次の――に合う送りがなを書きましょう。

① 努（めれ）ば
　努（め）よう。

② 美（しく）なる。
　美（し）かった。

③ 次の――に合う送りがなを、　　から選んで、○をつけましょう。

① 友達をたすける。　助（ける・る）
② もっとも近い。　最（も）
③ くわえる。　加（える・る）

（以下 略／複数の送りがな選択問題）

② 次のかなづかいで、正しい方を選んで、○をつけましょう。

① ○かんづめ・かんずめ
② ○おとうさん・おとおさん
③ ○おおだい・おうだい
④ ○あいず・あいづ
⑤ ○おうじおり・おおじおり
⑥ ○こおろぎ・こうろぎ
⑦ ○とおり・とうり
⑧ ○ちぢれる・ちじれる
⑨ ○ちりれる・ちれれる
⑩ ○いきおい・いきよい
⑪ ○こづつみ・こつつみ
⑫ ○とうとい・とおとい
① ○はなじ・はなぢ
② ○じしゃく・ぢしゃく
③ ○とおだい・とうだい

[P.7] 慣用句（きまったいいかた）①

名前　　　　　月　日

🐻 慣用句とは、いくつかの言葉が結びついて、ある決まった意味を表す言葉です。

① 次の文の意味を、　　から選んで、記号を書きましょう。

① 目を丸くする（イ）
② 目を光らす（ウ）
③ 目がとどく（ア）
④ 目にもとまらぬ（カ）
⑤ 目も当てられない（オ）
⑥ 目のかたき（エ）

ア 注意がいきとどく
イ おどろいて目を見開く
ウ きびしく見はる
エ なにかにつけて、にくいと思う
オ ひどくて見られない
カ とても速くてはっきり見えない

② （　）に合う言葉を、　　から選んで、書きましょう。

① （歯）がたたない…かなわない
② （耳）がいたい…弱点をつかれてつらい
③ （目）をこらす…じっと見つめる
④ （口）をつぐむ…だまってしまう
⑤ （のど）がいい…歌声がよい
⑥ （足）を運ぶ…わざわざ出かける
⑦ （手）をやく…どうすることもできない
⑧ （手）がとどく

口　足　歯　鼻　目　手　耳　のど　かた

③ 次の慣用句の意味で正しいものを、――線で結びましょう。

① 手をかす
② …に目がない
③ 耳にする
④ 顔がひろい
⑤ 口にあう

- たまたま聞く
- 知り合いが多い
- 手伝う
- とてもすきだ
- おいしいと感じる

🐻 もうすこしだよ！

熟語の組み立て①

名前　　　月　日

① 次の意味に合う熟語になるように、漢字を □ から選んで、書きましょう。

① はたらき。ほねおりのこと。（労　力）
② うでまえ。本当の力。（実　力）
③ もっているすべての力。（全　力）
④ 物事をなしとげる力。（力　量）
⑤ 力をこめて作った作品。（力　作）
⑥ 強く主ちょうすること（力　説）
⑦ 物事をなしとげていく 気持ちの力（気　力）
⑧ 仕事や病気などにたえる 体の力（体　力）

□　作　量　労　全　気　説　実　体

② 次の──線の漢字の読みがなで正しいものを選んで、○でかこみましょう。

① 妹の好きな果物は、バナナだ。（かいもの・おやつ・くだもの）
② 姉は、ゆかたを上手に着る。（うわて・じょうず・かみて）
③ 兄は、八百屋でアルバイトをしている。（はっぴゃくや・やおや・こめや）
④ なっ豆は、大豆を原料にして作る。（だいず・おおまめ・あずき）
⑤ この土地の持ち主はだれですか。（じぬし・もちしゅ・もちぬし）

もうひといき！

慣用句（きまったいいかた）②

名前　　　月　日

① 次の慣用句の意味を □ から選んで、記号を書きましょう。

① 顔をつぶす ……（イ）
② 足をあらう ……（ク）
③ 鼻であしらう ……（オ）
④ うでが上がる ……（キ）
⑤ 手がかかる ……（ア）
⑥ むねがいたむ ……（カ）
⑦ 首をつっこむ ……（エ）
⑧ 目にあまる ……（ウ）

□
ア 世話がやける
イ はじをかかす
ウ 見ておれない
エ 関係する
オ いいかげんにあつかう
カ とても心配する
キ 上手になる
ク やめる

② 後の □ から選んで、○でかこみましょう。

① さじを （つかむ・なげる）
② ほねを （おる・のばす）
③ 口が （ちいさい・かたい）
④ はらが （くろい・いたい）
⑤ 口を （とる・うる）
⑥ 水に （ながす・うかぶ）
⑦ 油を （とる・うる）

③ 次の慣用句の意味で正しいものを、線で結びましょう。

① かたで風をきる
② 頭が下がる
③ 口が重い
④ 耳をかす
⑤ こしが低い
⑥ 首を長くする
⑦ むねがつぶれる
⑧ 目もくれない
⑨ 手をぬく

そんけいする
口数が少ない
人の意見をきく
いばって歩く
いばらないで、ていねいである
たい度がていねいである
関心がない
待ちこがれる
ひどく悲しむ

がんばったね！

熟語の組み立て②

名前　　　月　日

① 次の □ に「コウ」と読む漢字を書いて、二字の熟語を作りましょう。（ ）の言葉は、その字の意味を表しています。

① 好 意（すき）
② 歩 行（いく）
③ 学 校（まなびや）
④ 公 園（おおやけ）
⑤ 幸 福（さいわい）
⑥ 参 考（かんがえろ）
⑦ 工 事（物を作る）
⑧ 方 向（むき）
⑨ 漁 港（みなと）
⑩ 電 光（ひかり）

② 次の熟語の読みの組み合わせで、正しいものを □ から選んで、記号を書きましょう。

① 雨具（エ）
② 速達（ア）
③ 機会（ア）
④ 筆箱（イ）
⑤ 先生（ウ）
⑥ 遠浅（イ）
⑦ 都市（ア）
⑧ 道順（エ）
⑨ 古本（エ）
⑩ 旅路（イ）
⑪ 音楽（ア）
⑫ 西日（イ）

□
ア 音・音（算数）
イ 訓・訓（花屋）
ウ 音・訓（台所）
エ 訓・音（指図）

③ 次の漢字を使って、例のように三文字の熟語を作りましょう。

（例）者 …（科学者）（者）など
① 者 …（研究）者（相談）者 など
② 家 …（彫刻家）（音楽家）（勉強家）など
③ 所 …（発電所）（市役所）（区役所）など
④ 館 …（美術館）（体育館）（図書館）など

ていねいに書けたかな！

慣用句（きまったいいかた）③

名前　　　月　日

① 次の（ ）に合う慣用句を □ から選んで、記号を書きましょう。

① 友達が集まって、（オ）。
② 自転車にぶつかりそうになり、はっと（イ）。
③ おじいさんから、その話は（ア）ほど何度も聞いた。
④ 毎日 練習をくり返したので、（ウ）。
⑤ 妹が、約束をやぶったので（エ）。
⑥ そんな作り話は、おかしくって（カ）よ。
⑦ 家の戸じまりをしないで、どろぼうに入られても（キ）。
⑧ この問題集からテストに出るとは（ク）。

□
ア 耳にたこができる
イ 息をのんだ
ウ うでをあげた
エ はらをたてた
オ 話に花がさいた
カ へそで茶をわかす
キ 耳よりな話だ
ク 後のまつり

② 次の慣用句を見て、正しい意味の方を選んで、○をつけましょう。

① 「歯がうく」
○ 見えすいたほめ言葉は、歯がうく思いだ。
○ むし歯がなかなか治らないので、歯がうく。

② 「手をぬく」
○ いそがしさが続いて、練習の手をぬく。
○ 友達にうらぎられたので、手をぬく。

③ 「口が軽い」
○ すっかりごちそうになったので、口が軽い。
○ 口が軽い人は、きらわれる。

④ 「むねをなでおろす」
○ ごちそうを食べすぎて、むねをなでおろす。
○ まい子の知り合いが発見されて、むねをなでおろす。

きっと できるよ！

熟語の組み立て③

名前

① 次の意味に合う漢字を　　から選んで、熟語を作りましょう。

(1) 反対の意味の漢字で作る熟語
① 勝　負
② 高　低
③ 終　始
④ 長　短

(2) 意味のにている漢字で作る熟語
① 家　屋
② 付　着
③ 生　産
④ 学　習

[選択肢]　負　低　終　短　／　屋　産　着　習

② 次の熟語の意味を、例のように漢字の訓読みで書きましょう。
例　歩道（歩く道）
① 新品（新しい品）
② 食物（食べる物）
③ 登山（山に登る）
④ 休日（休みの日）
⑤ 強国（強い国）
⑥ 乗車（車に乗る）

③ 次のように読む熟語を、漢字で書きましょう。
① タイリョウ
　ア 今日はイカが（　大漁　）だ。
　イ（　大量　）の血が出た。
② キョウリョク
　ア（　強力　）なじ石だ。
　イ 君に（　協力　）するよ。
③ シシャ
　ア 外国からの（　使者　）。
　イ 映画の（　試写　）会。
④ ジシン
　ア 自分（　自身　）で考えなさい。
　イ（　自信　）をもって答えた。
⑤ カンシン
　ア いまどき（　感心　）な子だ。
　イ 政治の世界に（　関心　）をもった。
⑥ キョウダイ
　ア 兄と弟で（　兄弟　）です。
　イ 母が（　鏡台　）を買った。

月　日

文末の表し方②

名前

① 次の文末が表す意味を　　から選んで、記号を書きましょう。
① 赤ちゃんが、今にも泣きそうだ。（オ）
② おじいさんが百才でなくなったそうだ。（エ）
③ その試合は、七時くらいに終わるだろう。（ウ）
④ その本は、おもしろいそうだ。（エ）
⑤ 今度の遠足は、動物園だ。（ア）
⑥ 明日は発表だ。君は調べておくべきだよ。（イ）
⑦ このミカンはきっとおいしいだろう。（ウ）
⑧ となりのクラスは、転校生が来るらしい。（エ）
⑨ このクラスは、いつも楽しそうだ。（オ）

ア 言い切っている
イ 相手にはっきりしめす
ウ おしはかって、はっきりしない
エ だれかから聞いた
オ ようすをあらわす

② 文末には、いろいろな表し方があります。次の文の「か」の意味を　　から選んで、記号を書きましょう。
① この本はだれの本ですか。（ア）
② あなたもいっしょに行きませんか。（エ）
③ さて、本当に行きませんか。（ア）
④ こんなことで、泣くやつがあるか。（ウ）
⑤ 乗るべきか、下りるべきか。（オ）
⑥ 満員だが、席にすわれるのだろうか。（イ）
⑦ 人気の音楽を聞いてみませんか。（エ）
⑧ 転校生の名前はなんといいますか。（ア）
⑨ スカートにしようか、ズボンにしようか。（オ）

ア 問いかけている
イ うたがっている
ウ 強めている
エ さそいかけている
オ どちらか考えている

月　日

文末の表し方①

名前

① 次の文に合う言葉を　　から選んで、書きましょう。
① ぼくは、お皿をわって（　しまった　）。
② きのうに、いなかのおじいさんが帰って（　いった　）。
③ いつも、お母さんに朝ごはんを作って（　もらう　）。
④ 答えに自信がなかったが、黒板に書いて（　みた　）。
⑤ 明日、本読みが当たるので、今、読んで（　いる　）。

[選択肢]　いる　しまった　みた　もらう　いった

② 次の文の表している意味を　　から選んで、記号を書きましょう。
(1) 本を読む
① 本を読んでいる。（エ）
② 本を読んでおく。（ウ）
③ 本を読んでやる。（ア）
④ 本を読んでしまった。（イ）

ア すでに準備をしているようす
イ したことの結果を表すようす
ウ 相手にしてあげるようす
エ することがおわったようす

(2) 兄が走る
① 兄が走っている。（ア）
② 兄が走ってみる。（ウ）
③ 兄が走ってくる。（エ）
④ 兄が走っていく。（イ）

ア 近づいているようす
イ ためしにするようす
ウ 遠のいていくようす
エ 動きやありさまが、続いているようす

「本を読む」「兄が走る」の文末をかえているよ。

月　日

動詞（うごきことば）①

名前

人やものの動き、状態（じょうたい）の変化、存在（そんざい）を表す言葉を、動詞（うごきことば）といいます。
ア 人やものの動き
イ 人やものの状態の変化
ウ 人やものの存在
・山に登る。
・体がひえる。
・空が晴れる。
・風車が回転する。
・そこに人がいる。
・前に花びんがある。

① 次の言葉の中から動詞を選んで、○でかこみましょう。
① 食べる
② 違い
③ 見る
④ すわる
⑤ 赤い
⑥ 歩く
⑦ とぶ
⑧ 人がいた
⑨ 山に行く
⑩ 取る
⑪ かわいい
⑫ 細い
⑬ 大きい
⑭ おかしい
⑮ 歌う

② 次の──の動詞が表すものを　　から選んで、記号を書きましょう。
① 犬が走る。（ア）
② タオルがかわく。（イ）
③ たぬきが住んでおる。（ウ）
④ ゴムがのびた。（イ）
⑤ 山に行く。（ア）
⑥ うさぎがはねる。（ア）
⑦ お湯がわく。（イ）
⑧ 人がいた。（ウ）
⑨ お茶を飲む。（ア）

ア 人やものの動き
イ 人やものの状態の変化
ウ 人やものの存在

③ 次の文から、動詞を九つ見つけて線を引きましょう。
十一月十二日。今日はお母さんのたん生日。妹と、プレゼントをあげることにした。それと、夕食は妹と二人で作ることにした。プレゼントはビーズのネックレスで、夕食はカレーライスとサラダに決まった。わたしがカレーライスとサラダを作るんだけど、うまくできるかなあ。お母さんのよろこぶ顔を見るのが楽しみだ。

月　日

動詞（うごきことば）②　〔P.16〕

名前　　月　日

動詞は、いろいろな形にかえて使います。

① 次の動詞を、右のように形をかえて書きましょう。

[見ない／見ます／見れば／見よう]

ア 見る　イ 見ない　ウ 見ます　エ 見れば　オ 見よう　カ 見ろ

① さがす
カ さがそう　オ さがせ　エ さがせば　ウ さがします　イ さがさない

② 起きろ
カ 起きよう　オ 起きろ　エ 起きれば　ウ 起きます　イ 起きない

② 次の文に合うように動詞の形をかえて書きましょう。

⑦ さがす
① ハンカチは（さがさない）。
② お母さんにプレゼントするハンカチを（さがします）。
③ 引き出しを（さがせば）あるはずだよ。
④ 買ったばかりのハンカチをなくしたのか。（さがせ）。
⑤ そんなに大切なハンカチなら、いっしょに（さがそう）。

⑦ 起きろ（イ～カの順ではありません）
① 明日はラジオ体そうだ。みんなで六時に（起きよう）。
② ラジオ体そうの日は、いつも六時に（起きます）。
③ 六時に（起きれば）、ラジオ体そうに行けるよ。
④ かぜをひいたので、六時には（起きれない）。
⑤ もう七時だ！（起きろ）。

動詞（うごきことば）③　〔P.17〕

名前　　月　日

① 次の動詞を、例のように形をかえて書きましょう。

（例）歩く
ア お母さんは、昨日スーパーまで歩いた。
イ お母さんは、スーパーが休みの日は歩かない。
ウ お母さんは、ぼくとスーパーまで歩こうと言った。

① 書く
ア ぼくは、夏休みに毎日絵日記を（書いた）。
イ ぼくは、絵日記は毎日は（書かない）。
ウ ぼくは、毎朝絵日記を（書こう）と思った。

② 消す
ア 花火の火を、すぐ（消した）。
イ 花火の火を、お兄ちゃんはすぐ（消さない）。
ウ 花火の火を、すぐに（消そう）としないので注意した。

② 次の文の動詞を、例のように形をかえて書きましょう。

（例）おどなりのピーターさんは、英語を話す。
ア 話すことができる　イ 話せる

① 今日、先生に□。
（ほめる　ほめた　ほめられた）
ア 話すことができる　イ 話せる

② 妹は、わたしよりうまくピアノをひく。
ア ひくことができる　イ ひける

③ トラックは、重い荷物を運ぶ。
ア 運ぶことができる　イ 運べる

③ 次の□に合う動詞を選んで、○をしましょう。

① 兄は水泳部なので、速く□はずだ。
（泳ぐ　泳げる　泳がされる）
ア 泳ぐことができる　イ 泳げる

② けんかして兄に□。
（泣いた　泣けた　泣かされた）

③ 四年生の弟は、料理を□。
ア 作ることができる　イ 作れる

ガンバレ♪ ガンバレ

動詞（うごきことば）④　〔P.18〕

名前　　月　日

① 次の□の動詞を、例のように文に合うように形をかえて書きましょう。

（例）お父さんは、きのうのステーキを[食べろ]。→（食べた）

① きのう、お父さんがかさをわすれたので、駅までむかえに[行く]。→（行った）
② お母さんに[たのむ]、プラモデルを買ってもらった。→（たのんだ）
③ 台風が近づくので、雨と風が強くなってきた。[近づく]→（近づいた）
④ たなの上にある[ある]クッキーが、もうない。→（あった）
⑤ わたしが[こぼす]牛にゅうが、教室のゆかに広がった。→（こぼした）

② 次の文を読んで、後の問いに答えましょう。

今、アラスカは春です。ねむっていた動物たちはいっせいに目をさまします。ハイイログマ、ドールシープ、アラスカンムース、アカリス、ホッキョクギツネ。ほかにもたくさんいます。巣穴から出てきた子どもたちが、春の温かさの中で遊びます。しかし、動物たちばかりではありません。たくさんの植物も花をさかせます。むらさきやオレンジ、赤などの色がまるで花の海のように広がります。

(1) 右の文から動詞を八つさがして、形をかえず書きましょう。
① （ねむって）
② （さまします）
③ （います）
④ （出てきた）
⑤ （遊びます）
⑥ （ありません）
⑦ （さかせます）
⑧ （広がります）

(2) (1)で書いた動詞を、き本の形にして書きましょう。
① （ねむる）
② （さます）
③ （いる）
④ （出てくる）
⑤ （遊ぶ）
⑥ （ある）
⑦ （さく）
⑧ （広がる）

形容詞（ようすことば）①　〔P.19〕

名前　　月　日

「青い海」「雨がはげしい」「力が強い」などのように、人やものの状態や性質を表す言葉を、形容詞（ようすことば）といいます。言い切りの形は「～い」で終わります。

① 次の（ ）に合う形容詞を ::: から選んで、書きましょう。
① このオレンジジュースは（あまい）。
② せみの鳴き声がとても（うるさい）。
③ チョウのたまごは、すぐわからないくらい（小さい）。
④ 今日はたん生日なので、とても（うれしい）。

[小さい／うれしい／うるさい／あまい]

② 次の言葉の中から形容詞を選んで、○をつけましょう。
① つづく（ ）
② おいしい（○）
③ 黒い（○）
④ にげる（ ）
⑤ かがやき（ ）
⑥ かるい（○）
⑦ 無い（○）
⑧ 高い（○）

③ 次の文から形容詞を七つさがして、形をかえず書きましょう。

あなたは、冬の夜空を見たことがありますか。寒い冬、夜空に光る星は、とても美しいものです。代表的な星には、オリオンざがあります。赤いベテルギウスと、青白いリゲルを見つければよいのです。オリオンざのすぐ下に、とくに光る星が二つあるでしょう。それはシリウスといって、夜空で一番明るい星（一等星）です。この星も青く光りかがやいています。

① （寒い）
② （美しい）
③ （赤い）
④ （青白い）
⑤ （よい）
⑥ （明るい）
⑦ （青く）

[P.20] 形容詞（ようすことば）②

名前　月　日

① 形容詞は、いろいろな形にかえて使います。

（白い の活用図）
ア 大きい　イ 大きくなる　エ 大きいとき　ウ 大きかった　オ 大きければ　カ 大きい

① ア 白かろう　イ 白かった　ウ 白くなる　エ 白いとき　オ 白ければ　カ 白い
② ア 新しかろう　イ 新しかった　ウ 新しくなる　エ 新しいとき　オ 新しければ　カ 新しい
③ ア 明るかろう　イ 明るかった　ウ 明るくなる　エ 明るいとき　オ 明るければ　カ 明るい

② 次の形容詞を、例のように動詞にかえて書きましょう。

例　強い・強まる・強める・強がる
うれしい・うれしがる

① 広い →（広まる）（広める）（広がる）
② 早い →（早まる）（早める）
③ 温かい →（温まる）（温める）
④ さみしい →（さみしがる）

③ 次の文を読んで、□に入る言葉を□から選んで、記号を書きましょう。

わたしたちの町には、しょうゆ工場があり、先週、学級でたずねてみた。まいごになるくらい ア 工場が イ 。こんなにたくさん作れるんだろうなど思った。入り口で少ししょうゆのかおりがしていたが、中に入るともっと カ 。機械は三木先生よりもずっと オ 。できたてを味見させてもらったら、すごく ウ 。来れなかった矢田さんはきっと エ だろうな。

ア 広かったら　イ 多い　ウ おいしかった　エ くやしい　オ 大きい　カ きれい　キ おいしい　ク 強かった

[P.22] 副詞（かざりことば）

名前　月　日

「ごはんをゆっくり食べた」「あの人はずいぶんゆかいな人だ」など、ようすや程度などをくわしくする言葉を、副詞（かざりことば）といいます。

① 次の文の中から、副詞をさがして線を引きましょう。

① きょうはたぶん雨がふる。
② 今年の冬はたいそう雪がふった。
③ すぐ行くから待っていてね。
④ あなたはゆっくり歩けませんか。
⑤ きっと君が好きなのだ。
⑥ かならず正しいことは勝つのだ。
⑦ 君の言う事はいつも正しい。
⑧ しばらくどこかへ行って来ます。
⑨ およそ三キロほどの道のりだ。
⑩ そこをはっきり言いなさい。

② 次の文の中から副詞を四つさがして、書きましょう。

あすは、楽しい遠足です。今夜は空にきれいに星がでています。あすは、きっと晴れるでしょう。ぼくは、あすはおもいっきりゆかいに遊ぼうと思っています。もし、雨がふったらとてもこし心配です。

③ 次の文の（　）にあてはまる言葉を□から選んで書きましょう。

① たからくじが当たるなんて（　まるで　）ゆめのようだ。
② 暗くなったと思ったら（　たちまち　）雨がふってきた。
③ 夜空に星が（　きらきら　）かがやいている。
④ きのうから（　ずっと　）雪がふっている。

□ きらきら　ずっと　たちまち　まるで

① （　きっと　）　② （　おもいっきり　）　③ （　もし　）　④ （　すこし　）

[P.21] 形容動詞

名前　月　日

「静かだ」「きれいだ」「おだやかだ」「ふしぎだ」など、物やことがらの性質や状態を表す言葉を、形容動詞といいます。また形容動詞は、いろいろな形にかえて使います。言い切りの形が「～だ」で終わります。

① 次の文の中から、形容動詞をさがして線を引きましょう。

ア ふしぎだろう　イ ふしぎだった　ウ ふしぎである　エ ふしぎだ
オ ふしぎなとき　カ ふしぎならば　キ ふしぎになる

② 次の──の言葉が、形容動詞の文を選んで○をつけましょう。

家のまどから、大きな月が見えました。「お月さまが ア 。」とわたしが言うと、お母さんが「本当、きのうもきれいだったね。今は ウ 年で一番お月さまがきれいな季節だから、お月見もきれいだろうね。」と教えてくれました。わたしは「そんなにきれいならば、明日お月見をしようよ。」と言いました。

③ 次の文に合う形容動詞を□から選んで○をつけましょう。

① あのジェットコースターが、とてもゆかいだ。
② あの小川さんは、リプリだ。
③ 犬の名前は、こわい。

① 三組の小川さんは、 イ アイドルにていると思う。
② あのジェットコースターは、 こわい。
③ 犬の名前は、リブリだ。

ア 間近な　イ 有名な　ウ 清らかな　エ がたがただ　オ にぎやかな　カ 正直な

お父さんが日曜大工で作ったイスは、足が エ 。
今日は運動会なので、運動場は オ 。
ヤマメという川魚は、水が ウ 川にしか住まないそうだ。
落とし物をとどけさせるようになるのもり イ 。
宇宙でくらせるようになるのもり ア 。

（「いい感じ！」）

[P.23] 名詞（なまえことば）①

名前　月　日

「先生」「友達」「メダカ」「学校」「つくえ」人、もの、場所など、物事を表す言葉を名詞といいます。

① 次の言葉の中から名詞を選んで、○をつけましょう。

ア（○）カバン　（　）走った
イ（○）ゲーム　（　）「ええっ！」
ウ（○）光る　（○）美しい
エ（○）光　（○）空気
オ（○）空　（○）目

② 次の文の中から名詞をさがして、形をかえずに書きましょう。

谷町小学校の四年生はヘチマの観察をしています。木村さんは、小さな黄色い花を見つけました。よく見ると、つぼみもいっぱいありました。かの女は、みんなにそのことを知らせました。

名詞には、人名や地名など特別なものを表す名詞や、数を表す名詞があります。
ア 人名や地名を表す　・山口さん　・山口小学校　・山口県
イ 名前のかわりに表す　・ぼく　・あなた　・かれ　・わたし　・わたしたち
ウ 数を表す　・五　・三つ　・十人　・百こ　・千本

① 谷町小学校　② 四年生　③ ヘチマ　④ 観察　⑤ 六月　⑥ 二十日　⑦ 三十度　⑧ 三十度　⑨ 木村さん　⑩ 花　⑪ つぼみ　⑫ かの女　⑬ みんな　⑭ こと

③ 名詞には、動詞や形容詞から形がかわったものがあります。

（動詞）　　　（名詞）
わらう → わらい
おどる → おどり

（形容詞）　　（名詞）
白い → 白さ
美しい → 美しさ

次の言葉を、右のように形にかえて書きましょう。

① 流れる →（流れ）　② 深い →（深さ）（深み）　③ 読む →（読み）

［P.24］ 名詞（なまえことば）② 〔名前〕 月　日

《例》次の言葉を二つ（動詞と名詞）に分けて書きましょう。
焼きそば → 焼く ＋ そば

飲み水 → 飲む ＋ 水
植え木 → 植える ＋ 木
入りロ → 入ろ ＋ ロ
急ぎ足 → 急ぐ ＋ 足
やり投げ → やり ＋ 投げる
いもほり → いも ＋ ほる
ふりかけ → ふる ＋ かける
ふとんたたき → ふとん ＋ たたく
草かり → 草 ＋ かる
行き止まり → 行く ＋ 止まる
思い出 → 思う ＋ 出す
食べかけ → 食べる ＋ かける

② 次の二つの言葉を合わせて、一つの名詞を作りましょう。
① にぎる ＋ 飯 → にぎり飯
② ねる ＋ 息 → ね息
③ 笛 ＋ ふく → 笛ふき
④ 本 ＋ 読む → 本読み
⑤ 受ける ＋ 付ける → 受（け）付（け）
⑥ 組む ＋ 合わせる → 組み合わせ
⑦ 折る ＋ 紙 → 折り紙
⑧ 気 ＋ 晴らす → 気晴らし
⑨ にらむ ＋ あう → にらみあい
⑩ 食べる ＋ すぎる → 食べすぎ

③ 次の言葉を、例のように名詞の形にかえて書きましょう。
《例》早い → 早さ　走る → 走り
① はずかしい → はずかしさ
② うまい → うまさ
③ 新しい → 新しさ
④ 通る → 通り
⑤ 晴れる → 晴れ
⑥ おくれる → おくれ

［P.25］ ことばの種類① 〔名前〕 月　日

次の言葉で、名詞には「め」、動詞には「ど」、形容詞には「け」、形容動詞には「けど」を□に入れましょう。

《例》
名詞 …… つくえ、わらい、美しさ
動詞 …… のぼる、晴れる、いる
形容詞 …… 青い、はげしい、強い
形容動詞 …… きれいだ、おだやかだ

① 小さい　け
② 少年　め
③ りっぱだ　けど
④ 食べる　ど
⑤ 美しい　け
⑥ コップ　め
⑦ のどかだ　けど
⑧ のどかさ　め
⑨ さわぐ　ど
⑩ さわぎ　め
⑪ 青い　け
⑫ 青さ　め
⑬ にぎやかだ　けど
⑭ にぎやかさ　め
⑮ にくらしい　け
⑯ 考える　ど
⑰ 考え　め
⑱ におい　め
⑲ におう　ど
⑳ いそがしい　け
㉑ いそがしさ　め
㉒ ロケット　め
㉓ 山田さん　め
㉔ 流れる　ど
㉕ 流れ　め
㉖ する　ど
㉗ ある　ど
㉘ ない　け
㉙ どんぐり　め
㉚ ねむる　ど

［P.26］ ことばの種類② 〔名前〕 月　日

次の言葉の中から、種類のちがうものを選んで、記号を書きましょう。

① ア子ども　イ太い　ウとかげ　エむぎ　オまるい　【オ】
② アとぶ　イ太る　ウ見る　エねむい　オ歌う　【エ】
③ ア赤い　イくわしい　ウぜんぜん　エ悪い　オ歌う　【ウ】
④ アゆっくり　イさらさら　ウ少し　エいつも　オ違い　【オ】
⑤ アどんどん　イわんわん　ウにこにこ　エじろじろ　オすっかり　【オ】
⑥ ア海　イ南　ウ上　エ左　オ西　【ウ】
⑦ アぼく　イわたし　ウきみ　エひと　オかれ　【エ】
⑧ アふえる　イなげく　ウかりる　エこのむ　オおよぐ　【イ】
⑨ アおもさ　イかなしむ　ウしずけさ　エ美しさ　オ高さ　【イ】
⑩ アまぶしい　イたくさん　ウずいぶん　エしっかり　オじっくり　【ア】

［P.27］ 感動詞（感動のことば） 〔名前〕 月　日

話し手の気持ちなどを表す言葉を、感動詞といいます。

① 次の――線の感動詞が表すものを、□から選んで、記号で書きましょう。

ア感動「ああ！」　イよびかけ「おうい！」　ウうけこたえ「はい」　エあいさつ「こんにちは」　オさけび「うわっ」　カかけ声「どっこいしょ」

① きゃあ、ヘビだわ。　オ
② うん、わかった。　ウ
③ では、ごきげんよう。　エ
④ ねえ、遊ぼうよ。　イ
⑤ よいしょ、とすわる。　カ
⑥ おお、かわいそうに。　ア

［選択肢］
ア感動
イよびかけ
ウうけこたえ
エあいさつ
オさけび
カかけ声

② 次の文に合う感動詞を□から選んで、□に書きましょう。二回くり返して使います。

① さあさあ、安いよ、安いよ。
② どれどれ、ぼくが見てあげよう。
③ おやおや、どうしたのかな。
④ まあまあ、そうおこらないで。
⑤ こらこら、だめじゃないか。
⑥ やれやれ、やっと宿題が終わった。
⑦ もしもし、田中さんのおたくですか。

［選択肢］　こら　さあ　まあ　どれ　おや　もし　やれ

ことばのまとめ①　［P.28］

名前

① 次の文に合う助詞を　　　から選んで、書きましょう。

① 犬（が）走ってくる。
② 海（に）船がうかんでいる。
③ 弟（と）けんかをした。
④ 本（を）読む。
⑤ えんぴつ（で）字を書く。
⑥ 学校（へ）行きます。
⑦ 辞典（の）ひき方を教える。
⑧ 駅（まで）早く行く。
⑨ ミキは、カオリ（より）せが高い。
⑩ 風は南（から）ふいてくる。

より　て　に　の　を　へ　から　と　が　まで

② 次の漢字の正しい送りがなを書きましょう。

① 加（わる）
② 果（たす）
③ 勇（む）
④ 建（てる）
⑤ 覚（える）
⑥ 参（る）
⑦ 残（る）
⑧ 辺（り）
⑨ 省（く）
⑩ 浴（びる）
⑪ 養（う）
⑫ 固（まる）
⑬ 達（なる）
⑭ 治（める）
⑮ 挙（げる）
⑯ 好（む）
⑰ 最（も）
⑱ 初（めて）
⑲ 量（る）

がんばってね！

ことばのまとめ②　［P.29］

名前

① 次の慣用句の意味で正しいものを、線で結びましょう。

① あいづちを打つ ― 気になることがあって集中できないこと
② うわの空 ― 相手の話にうなずいてさんせいすること
③ はばをきかせる ― きげんを悪くすること
④ へそを曲げる ― ゆだんやすきのないこと
⑤ ぬけ目がない ― 思いのままにふるまうこと
⑥ さじを投げる ― あきらめて、やめてしまうこと
⑦ 水のあわ ― じゅうぶんにたしかめること
⑧ かたずをのむ ― せっかくの努力がむだになること
⑨ 念をおす ― まちがいなどを、とがめずにゆるすこと
⑩ 大目に見る ― 鳥をころして、ようすを見つめること

② 次のように読む漢字を書きましょう。

① あげる　手を　上げる　拳げる
② あたり　その　辺り　当たり
③ しょうか　火事の　消火　食べ物を　消化する
④ てんこう　天候が悪い　転校生
⑤ はっせい　歌の　発声　スモッグが　発生した
⑥ かこう　火山の　火口　魚の　加工品
⑦ あつい　暑い夏　熱いふろ
⑧ かいてん　回転ドア　開店祝い
⑨ じてん　自転車　国語辞典

文の組み立て（主語・述語）①　［P.30］

名前

① 次の──線の述語に対する主語を書きましょう。主語は、「何が（は）」「だれが」「～も」に当たる言葉です。

① 馬が　走りぬけた。　　馬が
② 夕日は　とても　赤い。　　夕日は
③ 夏になると　兄は　毎年　山へ　行っている。　　兄は
④ 梅もさくらも　実をつける。　　梅もさくらも

② 次の──線の主語に対する述語を書きましょう。述語は、「どうする」「何だ」「どんなだ」に当たる言葉です。

① 昨日、図書館で　ぼくは　本を　かりました。　　かりました
② 姉は、中学校に　通っている。　　通っている
③ さくらの　花びらが　たくさん　落ちている。　　落ちている
④ ほんとうに　やさしいよ、ぼくの　兄さんは。　　やさしいよ

通っている
かりました
落ちている
やさしいよ

③ 次の文の主語と述語を書きましょう。

① カラスが　たねを　ほじくった。　主語（カラスが）述語（ほじくった）
② 野球場で　試合が　始まった。　主語（試合が）述語（始まった）
③ 特急電車が　ものすごい　スピードで　進んできた。　主語（特急電車が）述語（進んできた）
④ けさ、朝顔が　三つ　さいた。　主語（朝顔が）述語（さいた）
⑤ 海には　多くの　船が　行き来している。　主語（船が）述語（行き来している）
⑥ 車が　通りすぎても　父は　その場から　動かなかった。　主語（父は）述語（動かなかった）

文の組み立て（主語・述語）②　［P.31］

名前

① 次の文の主語と述語を書きましょう。主語がないときは×をつけましょう。

① かわいい小鳥が、にぎやかに　さえずる。　主語（小鳥が）述語（さえずる）
② 早く家を出ないと、ちこくする。　主語（×）述語（ちこくする）
③ きのうに続いて、今日もとても寒かった。　主語（×）述語（寒かった）
④ 仲の良い友達と、いっしょに海で泳いだ。　主語（×）述語（泳いだ）
⑤ いとこのお父さんは、四月からイギリスへ行きそうだ。　主語（お父さんは）述語（行きそうだ）
⑥ あなたの赤えんぴつをぼくにくれませんか。　主語（×）述語（くれませんか）

② 次の文を、例のように分け、その中から主語と述語を書きましょう。

《例》兄は四月から高校生だ。→（兄は）（四月から）（高校生だ）　主語（兄は）述語（高校生だ）

① 地しんは、まもなくおさまった。
（地しんは）（まもなく）（おさまった）　主語（地しんは）述語（おさまった）
② 花だんにまいた花のたねから、芽が出てきたよ。
（花だんに）（まいた）（花の）（たねから）（芽が）（出てきたよ）　主語（芽が）述語（出てきたよ）
③ 遠くの山は、昨日の雪で真っ白になっている。
（遠くの）（山は）（昨日の）（雪で）（真っ白に）（なっている）　主語（山は）述語（なっている）
④ あの先生は、いつもやさしく、子どもに話しかける。
（あの）（先生は）（いつも）（やさしく）（子どもに）（話しかける）　主語（先生は）述語（話しかける）

文の組み立て（修飾語）①

名前　　　　　月　日

① 次の──線の修飾語が表すものを……から選んで、記号を書きましょう。

① 姉は、台所で 料理を しています。
　　　　　（イ）　（エ）
② 夜には、 大きな 荷物が とどきます。
　（ア）　（ウ）
③ 弟は、校庭で あそんでいた。
　　　　（ア）（イ）
④ 昨日は 雪が しんしんと ふり、辺りは 雪景色に なった。
　（ア）　　　（オ）
⑤ 先生の 話に、ぼくは 思いきり わらった。
　　　　　　　　　　（オ）

　ア いつ
　イ どこで
　ウ どんな
　エ 何を
　オ どのように

② 次の──線の修飾語をくわしくしている言葉をさがして、書きましょう。

① 赤い ぼうしの 女の子は、私の 妹です。
　（　　　）ぼうし
② たまねぎを 細かく きざんだ。
　（　　　）きざんだ
③ おやつは 母の 作った イチゴケーキだ。
　（　　　）イチゴケーキ
④ ベルの 大きな 音が 運動場に ひびいた。
　（　　　）音
⑤ たぶん 足の おそい 兄は いやと 言うだろう。
　（　　　）言うだろう

文の組み立て（修飾語）②

名前　　　　　月　日

① 次の──線の言葉をくわしくしている言葉をさがして、書きましょう。

① 赤ちゃんは、おいしそうに 飲んだ。
　（おいしそうに）
② 赤い 金魚は、すいすいと 泳いでいた。
　（すいすいと）　（赤い）
③ にやりと 小さな 女の子は わらった。
　（にやりと）（小さな）
④ 空が 暗くなると、急に 雨が ふりだした。
　（急に）
⑤ ぼくは、きのう 動物園に 行った。
　（きのう）（動物園に）
⑥ かわいい 犬が、じっとぼくを 見ている。
　（かわいい）（じっと）（ぼくを）

② 次の文を主語、述語、修飾語に分けて書きましょう。

① ぼくは、三時に家でおやつのケーキを食べました。
　ぼく（　）は → 家（　）で → おやつ（　）の → （　）ケーキ（　）を → 食べ（　）ました
　（三時）に

② 友達の大山さんが、病気で一週間、学校を休んだ。
　友達（　）の → 大山さんが（　）→ 病気（　）で → 学校（　）を → 休んだ（　）
　一週間

③ 青く晴れわたった空に、白い雲がうかんでいる。
　青く（　）→ （晴れわたった）→ 空に（　）→ 白い（　）→ 雲（　）うかんでいる

こそあど言葉①

名前　　　　　月　日

① 次の文に合う言葉を……から選んで、書きましょう。

① ここにある（ この ）のこぎりを使ってごらん。
② 向こうにみえる（ あの ）家まで歩きなさい。
③ あそこであそんでいるのは（ どこ ）のクラスの子ですか。
④ あなたのそばにある（ その ）花はとてもきれいだ。
⑤ 図書館にある本は（ どの ）本もおもしろそうだ。
⑥ 町の西に、赤い橋があります。（ そこ ）に近づくと高い木が見えます。

　そこ　どこ　この　その　あの　どこ
　この　その　あの　どの

② 次の表を見て、あてはまる言葉を書きましょう。

	もの	場所	方向	ようす	さししめす
話し手に近い	これ	ここ ①	こちら ②	こんな ③	この ⑦
聞き手に近い	それ ④	そこ	そちら	そんな ⑩	その ⑪
どちらにも遠い	あれ ⑧	あそこ ⑨	あちら	あんな	あの ⑮
はっきりわからない	どれ ⑫	どこ ⑬	どちら ⑭	どんな	どの

きっとできるよ！

こそあど言葉②

名前　　　　　月　日

① 次の──線の言葉がさししている言葉を……から選んで、記号を書きましょう。

① 花が「わたし」の近くにあるときの言い方。（ ウ ）
② 花が相手の近くにあるときの言い方。（ エ ）
③ 花が「わたし」から遠くにあるときの言い方。（ イ ）
④ 「わたし」の花がわからないときの言い方。（ ア ）

　ア どれがわたしの花ですか。
　イ あれはわたしの花です。
　ウ それはわたしの花です。
　エ これはわたしの花です。

② 次の──線の言葉がさしている言葉を書きましょう。

（例）昨日、新しい本を買った。今日は、それを持って来た。
　　　（ 新しい本 ）
① 北国は雪が多い。ここでは、それが生活にかかせない。
　　　（ 北国 ）
② むこうに高い木が見える。あれがゴールだ。
　　　（ 高い木 ）
③ 太一さんは、お母さんにこう言った。「おこづかいふやしてよ。」
　　　（「おこづかいふやしてよ。」）
④ 駅前にはふん水があります。そこはいつも人でいっぱいだ。
　　　（ ふん水 ）
⑤ むこうに明かりが見えた。男はその方へ、全力で走って行った。
　　　（ 明かり ）
⑥ 以前は、お兄さんとよく野球をした。それは今でも思い出に残っている。
　　　（ お兄さんとよく野球をしたこと ）
⑦ 五月にも同じ山に登った。そのときは、とても天気が良かった。
　　　（ 五月にも同じ山に登ったとき ）

[P.36] つなぎ言葉①

名前

① 次の文に合うつなぎ言葉を、□□□ から選んで、書きましょう。

① ドアをたたいた。（ すると ）ドアが中から開いた。
② 熱が出た。（ だから ）学校を休んだ。
③ あすは、晴れるかな。（ それとも ）雨かな。
④ 私の好物は、バナナ、ピザ、（ それに ）おすしです。
⑤ 君は、体育がとくいだ。（ しかし ）絵も上手だ。
⑥ 夏はいつも暑い。（ そのうえ ）今年の夏はすずしかった。

しかし　それとも　だから　それに　すると　そのうえ

② 次の二つの文をつなぐ言葉として、正しい方を選んで、○をつけましょう。

① とてもねむかった。　（○）しかし　（　）だから
② 今日は雨だった。　（　）すなわち　（○）それで
③ 必死に走った。　（○）それでも　（　）すると
④ 風が強くなってきた。　（○）そのうえ　（　）そこで
⑤ コーヒーにしますか。　（　）つまり　（○）それとも
⑥ 明日は遠足です。　（　）ところで　（○）だから
⑦ ゲームを買ってもらった。　（　）やっぱり　（○）しかも

ちょっとむずかしいぞ！できるかな!?

[P.37] つなぎ言葉②

名前

① 次のつなぎ言葉と同じ意味になるようにはたらきをするものを、□□□ から選んで、線で結びましょう。

① けれども　・　　　・ それで・だから
② そのうえ　・　　　・ しかも・また
③ ですから　・　　　・ でも・ところが
④ または　　・　　　・ では・ところで
⑤ さて　　　・　　　・ それとも・あるいは
⑥ たとえば　・　　　・ つまり・ようするに

② 次の二つの文が同じ意味になるように、□□□ から言葉を選んで、書きましょう。（三回使うものもあります。）

① きのうは、雨がふった。（しかし）大雨ではなかった。
　きのうは、雨がふった（のに）、大雨ではなかった。

② きのうは、雨がふった。（それに）風もふいた。
　きのうは、雨がふった（し）、風もふいた。

③ きっと母さんがむかえにくる。（それで）かさはいらないよ。
　きっと母さんがむかえにくる（ので）、かさはいらなくてもよい。

④ 君は知っていた。（しかし）教えてくれなかったね。
　君は知っていた（のに）、教えてくれなかったね。

ので　のに　し

これができればパーフェクト！

[P.38] 省略文・倒置文

名前

前後の関係やその場のようすから、主語や述語が省かれても意味のわかる文を、省略文といいます。

〈例〉「お母さんは、出かけたの。」「（お母さんは）出かけたよ。」

① 次の□の中で、省略されている（省かれている）言葉を選んで、線で結びましょう。

① 「あなたの名前は何といいますか。」「橋口ともみです。」
② 「君の妹は四年生でしたね。」「はい、四年生です。」
③ 「リレーで一等だったのは何組だったの。」「二組。」

ぼくの名前は
わたしの名前は　　が一等でした
時計をこわしたのは　　時計をこわしたでしょう。
あなたは

④ 「時計をこわしたでしょう。」
⑤ 「ぼくではありません。」

文の一部を入れかえて、意味を強める文を、倒置文といいます。

〈例〉「この夏ミカンは、おいしいよ。」→「おいしいよ、この夏ミカンは。」

② 文の一部を入れかえて、ふつうの文にしましょう。

① 「こんなに大きかったんだね、ジンベイザメって。」
　（ジンベイザメって、こんなに大きかったんだね。）

② 「この川には魚がいたのよ、お母さんが子どものころは。」
　（お母さんが子どものころは、この川には魚がいたのよ。）

③ 次の文は倒置文です。文を入れかえて、ふつうの文にしましょう。

「光さえもにげられないのです、ブラックホールでは。」
（ブラックホールでは、光さえもにげられないのです。）

④ 「たしかにこのあたりだったんだけどなあ、かぎを落としたのは。」
（かぎを落としたのは、たしかにこのあたりだったんだけどなあ。）

[P.39] ならびかえ

名前

① 次の文を見て、問いに答えましょう。

(1) 文をならべかえて、正しい文章になるように番号を書きましょう。

（　）ぼくは、日曜日に弟と「あけぼの商店街」へ買い物に行きました。
（　）「スーパーマーケットなら、こんなに回らずにすんだのに。」と思いました。
（　）お母さんからわたされたメモを見ながら、いくつかの店を回ります。
（　）「商店街の方が、種類が多いし、新せんなものがあることも多いのよ。」
（　）パン屋さんの前を通ったのに、またもどったりしました。
（　）家に帰ってから、お母さんにそのことを話してみました。
（　）「そうなのか、でもぼくはスーパーマーケットの方がべんりだな」と思いました。
（　）次の日、学校で「自分の家の買い物しらべ」をしようと発言しました。

(2) 文に題名をつけるなら、どれがよいですか。○をつけましょう。
（　）べんりなスーパーマーケット
（　）弟との買い物
（　）スーパーマーケットと商店街

(3) 文の内容をまとめているものを選んで、○をつけましょう。
（　）商店街をもっと利用しようと思ったお話。
（　）スーパーマーケットをもっと利用しようと思ったお話。
（○）商店街やスーパーマーケットがどんなふうに利用されているか、「買い物しらべ」をしようと思ったお話。

(4) (1)の文の「そのこと」とはどんなことですか。○をつけましょう。
（　）弟とあけぼの商店街へ買い物に行ったこと
（○）スーパーマーケットなら多くの店を回らずにすんだこと
（　）自分の家の買い物しらべをしようと発言したこと

改行

名前 ____ 　月 日

文章のまとまりの意味が変わるときや、会話文のときなどに改行（行がえ）すると、読み手にも文章の意味がよく伝わります。

（例）
その人は、お父さんによくにていた。ふりむいた人は、ぜんぜんちがう男の人だった。

その人は、お父さんによくにていた。
「お父さん！」と声をかけた。
ふりむいた人は、ぜんぜんちがう男の人だった。

① 次の文を見て、改行をした方がよい文の番号を選んで（　）に書きましょう。

(1) ①だれでもかんたんに作れて、とてもかわいいいぬのバッグの作り方をしょうかいしましょう。②まず、用意するものは、表用のぬのと、うらに使うぬの・持ち手二本、ボタン一こ。③手芸屋さんで全部買うことができます。④つぎに作り方です。⑤図のような八つの順番に分かれています。⑥むずかしそうと思った人もだいじょうぶです。⑦来週はマフラーをしょうかいします。
（②　）（④　）（⑦　）

(2) ①わたしは、さくらんぼについて調べてみました。収かくされるのは、六月のはじめから七月の中ごろにかけてだそうです。②ほかに山形県の名産について調べてみることにしました。③お母さんがさくらんぼのことを「ラ・フランス」と言っていたことがあります。④お父さんが「ラ・フランスという洋ナシもたくさん作っているそうです。かわった形だけど、とてもおいしいから食べてごらん。」⑤むずかしそうと思った人もだいじょうぶです。
（②　）（④　）（⑦　）（⑧　）

(3) ① ② ③ ④ ⑤ ⑥ ⑦
（②　）（④　）（⑦　）

段落

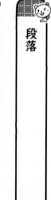

名前 ____ 　月 日

① 次の文を読んで、後の問いに答えましょう。

①田んぼへ行ってタニシをひろい、細いタコ糸を五十センチくらいに切って、竹のぼうの先にくくりつけた。アキラもサトシもそってテナガエビとりに行くのだ。アキラの家に行ったら、すぐに出てきた。二人でサトシの家に行く。出てこない。二人で顔を見合わせて、首をかしげた。そういえば二日前のこと。サトシが大きなカバンを持っていたのを見た。

(1) 文は、いくつの段落に分けられますか。
（三　）つ

(2) 二つ目の段落のはじめの五文字を書きましょう。
ア	キ	ラ	の	家

② 次の文を段落（まとまり）に分けます。それぞれの段落のない（まとまり）に合うように □ に言葉を書きましょう。

①春になると、たんぽぽなどの花がさいたり、モンシロチョウがとんでいたりするのをよく見かけます。②冬になると気温が高くなってあたたかくなると、さまざまな植物や生き物が活動を始めるからです。そこで、ヘチマを育てて実を見合わせて、ヘチマの成長のうつりかわりを観察していきます。③ヘチマの種をまき、育てる。④係を決めて、ヘチマの成長のようすを観察して記録する。⑤気温をはかって記録し、ヘチマの成長とあたたかさの関係を調べる。こん虫についても調べる。

① 次の文を読んで、後の問いに答えましょう。

春の ［植物］や生き物
1 ［ヘチマ］の観察　ウ ［こん虫］の観察

② 一つ目から三つ目の段落のはじめの五文字を書きましょう。
1 | 春 | に | な | る | と |
2 | そ | こ | で | 、 | へ |
3 | こ | ん | 虫 | に | つ |

③ 文に題名をつけるなら、どれがよいですか。○をつけましょう。
ア 春　イ 気温と生き物の関係　ウ ヘチマの観察
（イ　）

段落の関係

名前 ____ 　月 日

① 次の文に合う言葉を　　から選んで、（キ）に気をつけて、記号を書きましょう。

説明文を読むときには、（イ）が一番中心にして書いているのはどの部分か、また、（ア）の段落は、（ウ）のどの部分と（エ）があるかについて、考えてみることが大切です。

全体の（オ）を読み取ることが大事です。

ア はじめ　イ 筆者　ウ 結び　エ 関係　オ 組み立て　カ 要点　キ 段落

② 次の文を読んで後の問いに答えましょう。

①草むらから飛び立ったバッタをつかまえようと、バッタのおりた所に行ってみても、もう見つからない、こんなけいけんは、よくあります。これは、バッタが草の色によくにているからです。動物は、このように、身を守るための自然のしくみをもっています。②アブラナやダイコンの葉にいるアオムシも、バッタと同じように葉ににた緑色をしています。アオムシも、モンシロチョウのよう虫です。③ライチョウは、冬、あたりが雪にうずまっているころは、はねや毛がまっ白です。ところが春になって雪がとけると、地面の色ににた茶色でまだらのはねになります。④シャクトリムシは、かれえだににたコノハチョウが木の葉にそっくりだったりします。

(1) この文の組み立てで、正しいものを選んで、○をつけましょう。

ア（○） ② ③ ④ → ①
イ（　） ① → ③ → ④
ウ（　） ② ③ ① → ④

(2) この文に題名をつけるなら、どれがよいですか。記号を書きましょう。
ア おもしろい形　イ 身を守る色　ウ 動物の形
（イ　）

国語辞典の使い方①

名前 ____ 　月 日

① 「みる」を国語辞典で調べると、次の意味がありました。それぞれにふさわしい意味を　　から選んで、記号を書きましょう。

(1) ①つらい目をみる。（エ）
②妹の勉強をみる。（ア）
③少し飲んでみる。（イ）
④手相をみる。（ウ）

ア ためす　イ 世話をする　ウ 調べる　エ 経験する

(2) 「重い」
①重い荷物を持つ。（イ）
②重い病気にかかる。（ウ）
③気が重くなる。（ア）
④注意を重く受け止める。（エ）

ア 程度が大きい　イ 目方が多い　ウ はればれしない　エ 重大に

いろんな意味があるね！

② 次の言葉を国語辞典で調べたとき、出てくる順番を書きましょう。

①しか（2）　あひる（1）　きつね（3）
②やしき（1）　やなぎ（4）　やり（2）　やもり（3）
③あまど（4）　あまぐも（1）　あまざけ（2）　あまだれ（3）

国語辞典は、言葉は五十音順に出てきます。また二字目、三字目も五十音順になっています。

③ 次の言葉を国語辞典で調べたとき、出てくる順番を書きましょう。

①ボール（4）　ぼうし（3）　ボール（1）　ホール（2）
②きょうぎ（3）　ぎょうじ（1）　きょう（4）　きょうざい（2）
③はは（1）　ははパパ（4）　パバ（3）　パス（2）

国語辞典は「からす」は「がらす」の前に出てきます。半だく音の「ぱん」は「ばん」の前に出てきます。

国語辞典の使い方②　名前

① 国語辞典では「えらびました」という言葉を調べるときは、「えらぶ」という言い切りの形で調べます。次の──線の言葉を言い切りの形にして、書きましょう。

① お手紙には、ていねいに書きます。（書く）
② ここでは、しずかに目をとじなさい。（とじる）
③ 家をあげて遊びに行ってはいけない。（あける）
④ 大声で先生をよんだ。（よぶ）
⑤ 荷物はつくえにおいてください。（おく）
⑥ この本のよかった所をしょうかいしなさい。（する）

② 次の──線の言葉を、言いきりの形にして書きましょう。

ジョニーたちは初めてその谷を見た。野ざらしの強風がふきすさんで、一歩まちがえば谷へまっさかさまという山のちょう点だ。ごうごうした岩はだに、その風に負けないように草が生えている。
「うわぁ……。」
だれかがため息のような声をもらした。ジョニーたちは声をおしころした。足もとは赤茶けたガケで、無数にまっ黒なあながあいているが、その間に、はげかかった白い岩でできた家がひしめき、中には教会もある。ここにむかし、人々が住んでいたのだ。雲が一か所切れて、岩でてきた教会の白い岩に光がつきささっていた。

① 見る（見る）
② ふきすさぶ（ふきすさぶ）
③ まちがえる（まちがえる）
④ 負ける（負ける）
⑤ もらす（もらす）
⑥ おしころす（おしころす）
⑦ ひしめく（ひしめく）
⑧ つきささる（つきささる）

漢字辞典の使い方②　名前

漢字辞典では、木（きへん）、竹（たけかんむり）などのように、同じ部首をもつ漢字がひとまとまりになっています。部首は、漢字を引くための見出しになっていて、画数の少ない順にならんでいます。
・国→部首 ▢（三画）・病→部首 ▢（五画）
・顔→部首 頁（九画）

① 次の漢字の部首と、部首の画数を書きましょう。
① 低→イ（二画）
② 海→氵（三画）
③ 上→一（一画）
④ 秋→禾（五画）
⑤ 発→癶（五画）
⑥ 宿→宀（三画）
⑦ 点→灬（四画）
⑧ 老→耂（四画）
⑨ 開→門（八画）
⑩ 道→辶（三画）
⑪ 電→雨（八画）

② 次の漢字が、漢字辞典に出てくる順番を書きましょう。
(1)
① 満（4）
② 柱（3）
③ 粉（5）
④ 駿（6）
⑤ 利（2）
⑥ 下（1）
⑦ 植（7）
(2)
① 村（2）
② 林（3）
③ 機（7）
④ 柱（4）
⑤ 標（6）
⑥ 札（1）
⑦ 清（5）
(3)
① 深（4）
② 治（1）
③ 消（3）
④ 漢（6）
⑤ 浅（2）
⑥ 清（5）
⑦ 漁（7）

漢字辞典の使い方①　名前

① 「遠」という字を調べます。次の場合、どんな調べ方がよいですか、▢から選んで、記号を書きましょう。
① あいさんは、「どおい」という読み方しかわかりません。（イ）
② とおるさんは「しんにゅう」という部首だと知っています。（ア）
③ ひとみさんは部首も読み方も分かりません。（ウ）

ア 部首引き
イ 音訓引き
ウ 総画引き

② 次の漢字の部首名を▢から選んで、記号を書きましょう。
① 宿……（カ）
② 陽……（ウ）
③ 号……（エ）
④ 病……（イ）
⑤ 都……（オ）
⑥ 線……（ア）

ア いとへん　イ やまいだれ　ウ こざとへん　エ れんが・れっか
オ おおざと　カ うかんむり

③ 「管」という漢字を、音訓引きで調べます。あてはまる言葉を書きましょう。
「管」は、音読みの（カン）か、訓読みの（くだ）から調べることができます。
音読みを持つ漢字は多いので、音読みから調べることにしました。

④ 次の漢字の総画数を調べて書きましょう。
① 陸……（11）
② 包……（5）
③ 号……（5）
④ 登……（12）
⑤ 豚……（10）
⑥ 女……（3）

都道府県の漢字　名前

① 1～47の都道府県名をなぞりましょう。
② 1～47の都道府県名を書きましょう。

北海道地方
① 北海道

東北地方
② 青森県　③ 岩手県　④ 宮城県　⑤ 秋田県　⑥ 山形県　⑦ 福島県

関東地方
⑧ 茨城県　⑨ 栃木県　⑩ 群馬県　⑪ 埼玉県　⑫ 千葉県　⑬ 東京都　⑭ 神奈川県

中部地方
⑮ 新潟県　⑯ 富山県　⑰ 石川県　⑱ 福井県　⑲ 山梨県　⑳ 長野県　㉑ 岐阜県　㉒ 静岡県　㉓ 愛知県

近畿地方
㉔ 三重県　㉕ 滋賀県　㉖ 京都府　㉗ 大阪府　㉘ 兵庫県　㉙ 奈良県　㉚ 和歌山県

中国地方
㉛ 鳥取県　㉜ 島根県　㉝ 岡山県　㉞ 広島県　㉟ 山口県

四国地方
㊱ 徳島県　㊲ 香川県　㊳ 愛媛県　㊴ 高知県

九州地方
㊵ 福岡県　㊶ 佐賀県　㊷ 長崎県　㊸ 熊本県　㊹ 大分県　㊺ 宮崎県　㊻ 鹿児島県　㊼ 沖縄県

〔P.48〕 ローマ字①

① 次のローマ字を、ひらがなで書きましょう。

① ame （あめ）　② kame （かめ）

③ asi （あし）　④ hasi （はし）

⑤ ika （いか）　⑥ sika （しか）

⑦ nami （なみ）　⑧ niwa （にわ）

⑨ numa （ぬま）　⑩ neko （ねこ）

⑪ kitte （きって）　⑫ nikki （にっき）

⑬ zassi （ざっし）　⑭ gakkô （がっこう）

② 次の日本語を、ローマ字で書きましょう。

① おとうさん　otôsan

② おかあさん　okâsan

③ いもうと　imôto

④ おとうと　otôto

⑤ さんすう　sansû

⑥ とうだい　tôdai

⑦ でんしゃ　densya

⑧ ぎゅうにゅう　gyûnyû

⑨ にんぎょう　ningyô

⑩ おもちゃ　omotya

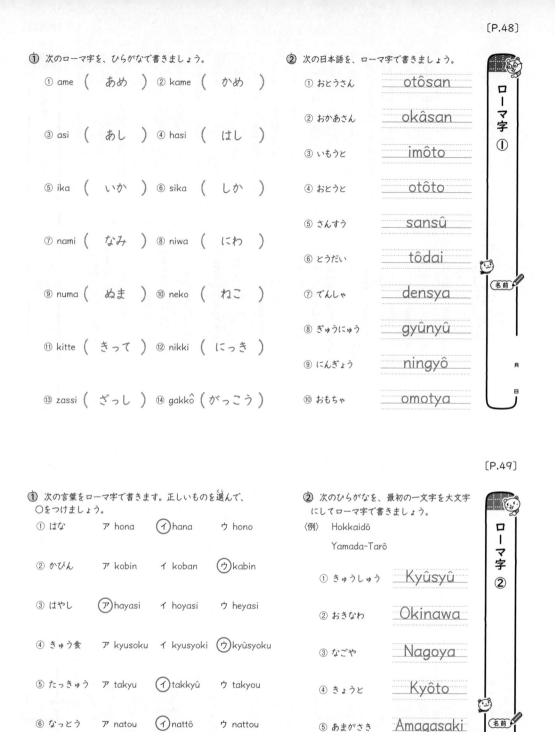

〔P.49〕 ローマ字②

① 次の言葉をローマ字で書きます。正しいものを選んで、〇をつけましょう。

① はな　ア hona　（イ hana）　ウ hono

② かびん　ア kobin　イ koban　（ウ kabin）

③ はやし　（ア hayasi）　イ hoyasi　ウ heyasi

④ きゅう食　ア kyusoku　イ kyusyoki　（ウ kyûsyoku）

⑤ たっきゅう　ア takyu　（イ takkyû）　ウ takyou

⑥ なっとう　ア natou　（イ nattô）　ウ nattou

⑦ 月曜日　ア getuyobi　（イ getuyôbi）　ウ getiyobi

⑧ 日本　（ア Nippon）　イ Nipon　ウ Nipyon

⑨ ぱんや　ア panya　イ panha　（ウ pan'ya）

② 次のひらがなを、最初の一文字を大文字にしてローマ字で書きましょう。

〈例〉 Hokkaidô

　　　Yamada-Tarô

① きゅうしゅう　Kyûsyû

② おきなわ　Okinawa

③ なごや　Nagoya

④ きょうと　Kyôto

⑤ あまがさき　Amagasaki

⑥ さとう　たける　Satô-Takeru

> ローマ字には、「A」のような大文字と、「a」のような小文字があります。地名や人名を書くときは最初の一文字を大文字で書きます。

〔P.50〕 ローマ字③

① 次の文を線で結び意味の通じるようにしましょう。

(1)
① Rômazi de — ア hazimete narau.
② Rômazi to — イ yoko ni kaku.
③ Rômazi o — ウ tegami o kaku.
④ Rômazi wa — エ kanzi de kaku.

(2)
① Tomodati to — ア purezento o morau.
② Tomodati wa — イ asobi ni iku.
③ Tomodati no — ウ ôi hô ga tanosî.
④ Tomodati kara — エ ie o tazuneru.

(3)
① Gakkô de — ア ikimasita.
② Gakkô niwa — イ suki dewa nai.
③ Otukai ni — ウ benkyô o suru.
④ Otukai wa — エ tomodati ga iru.

※「～は」「～へ」「～を」は、「wa」「e」「o」と表しているよ。

② ローマ字の文はひらがなと漢字で、ひらがなと漢字の文はローマ字で書きましょう。

① Kyô wa dôbutuen e ikimasu.

（　今日は動物園へ行きます。　）

② Natuzora ni nyûdôgumo ga deru.

（　夏空に入道雲が出る。　）

③ Kotosi wa budô ga takusan dekita.

（今年はぶどうがたくさんできた。）

④ Densya ga tekkyô o wataru.

（　電車が鉄橋をわたる。　）

⑤ この駅は、「ひがしうら」です。

Kono eki wa "Higasiura" desu.

⑥ お父さんとトランプをした。

Otôsan to toranpu o sita.

⑦ とくい料理はカレーだ。

Tokui ryôri wa karê da.

〔P.51〕 ローマ字④

ローマ字には、今まで書いてきた書き方（訓令式）と、少しちがう書き方（ヘボン式）があります。

よみ方	訓令式	ヘボン式	よみ方	訓令式	ヘボン式	よみ方	訓令式	ヘボン式
し	si	shi	ち	ti	chi	じ（ぢ）	zi	ji
しゃ	sya	sha	ちゃ	tya	cha	じゃ（ぢゃ）	zya	ja
しゅ	syu	shu	ちゅ	tyu	chu	じゅ（ぢゅ）	zyu	ju
しょ	syo	sho	ちょ	tyo	cho	じょ（ぢょ）	zyo	jo
っ	tu	tsu	ふ	hu	fu	を	o	o（wo）

① 次の駅名は、ヘボン式で書いています。ひらがなで書きましょう。

① ISHIKAWA （いしかわ）

② MATSUE （まつえ）

③ YAMAGUCHI （やまぐち）

④ HIMEJI （ひめじ）

⑤ MIYAKONOJÔ （みやこのじょう）

② 次のヘボン式のローマ字をかなと漢字で書きましょう。

① Okashi o moraimasu.

（　おかしをもらいます。　）

② Shika niwa tsuno ga aru.

（ シカには角（つの）がある。）

③ Jitensha de umi e iku. （へ）

（　自転車で海へ行く。　）

④ Chikamichi o sagashita.

（　近道をさがした。　）

⑤ Natsu wa mugicha ga oishiku kanjiru. （は）

（夏は麦茶がおいしく感じる。）

⑥ Ojîsan ni tsukue o katte moraimashita.

（ おじいさんにつくえを買ってもらいました。）

[P.52] 詩 よかったなあ

次の詩を読んで、後の問いに答えましょう。

名前

よかったなあ

まど・みちお

よかったなあ　草や木が
ぼくらの　まわりに　いてくれて
目のさめる　みどりの葉っぱ
美しいもの代表　花
かぐわしい実

よかったなあ　草や木が
何おく　何ちょう
もっと数かぎりなく　いてくれて
どの　ひとつひとつも
みんな　めいめいに違っていてくれて

よかったなあ　草や木が
どんなところにも　いてくれて
鳥や　けものや　虫や　人
何が訪れるのをでも　待っていてくれて

そこで動かないで　待っていてくれて

ああ　よかったなあ　草や木がいつも
雨に洗われ
風にみがかれ
太陽にかがやいて
きらきらと

（『新しい国語　四上』東京書籍）

① この詩は何連からできていますか。
（四連）

② この詩で、何がいてくれてよかったと思っているのですか。
（草や木）

③ 第一連の「目のさめる」と同じ意味で使われている文を選びましょう。
（　）目のさめるような大きな音がした
（　）目のさめるような景色が見える
（〇）しかられて目のさめる思いがした

④ 第三連の草や木がいてくれるのは、どこですか。（　）にことばを入れましょう。
（どんなところにも）いてくれて

⑤ 「きらきらと」の後に続くことばは、次のどれがふさわしいですか。
（〇）ひかって
（　）てらされて
（　）いてくれて

⑥ この詩で伝えたいことは何でしょう。
（〇）草や木があることはありがたいことだ
（　）草や木を、これからも育てていきたい
（　）草や木にかこまれて生活したい

[P.54] 物語文 白いぼうし①

次の文章を読んで、後の問いに答えましょう。

名前

「これは、レモンのにおいですか。」
ほりばたで乗せたお客のしんしが、話しかけました。
「いいえ、夏みかんですよ。」
信号が赤なので、ブレーキをかけてから、運転手の松井さんは、にこにこして答えました。
「今日は、六月のはじめ。夏がいきなり始まったような暑い日です。松井さんのお客も、白いワイシャツのそでを、うでまくりしていました。
「ほう、夏みかんてのは、こんなにいいにおいうものですか。」
「もぎたてなのです。いなかのおふくろが、速達で送ってくれました。においまでわたしにとどけたかったのでしょう。」
「ほう、ほう。」
「あまりうれしかったので、いちばん大きいのを、この車にのせてきたのですよ。」

① お客のしんしは、何のにおいと思ったのですか。
（レモン（のにおい））

② 本当は、何のにおいでしたか。
（夏みかん（のにおい））

③ ──線は、だれに答えていますか。
お客のしんし
（　　　　　）に。
運転手の松井さん
（　　　　　）が。

④ だれから夏みかんが送られてきましたか。
（いなかのおふくろ）から。

⑤ 速達で送られてきたのは、どうしてだと松井さんは考えていますか。
（においまでとどけたかった）から。

⑥ ⑤は送った人のどんな気持ちがあらわれていますか。次の中から選んで、〇をつけましょう。
（〇）ものごとをはやくすませたい気持ち
（　）いつもきちんとしていたい気持ち
（〇）子どもを思うやさしい気持ち

⑦ うれしかった松井さんは、それをどうしましたか。
（いちばん大きいのを、この車にのせてきた。）

[P.53] 詩 ふしぎ

次の詩を読んで、後の問いに答えましょう。

名前

ふしぎ

金子みすゞ

わたしはふしぎでたまらない、
黒い雲からふる雨が、
銀にひかっていることが。

わたしはふしぎでたまらない、
青いくわの葉をたべている、
かいこが白くなることが。

わたしはふしぎでたまらない、
たれもいじらぬ夕顔が、
ひとりでぱらりと開くのが。

わたしはふしぎでたまらない、
たれにきいてもわらってて、
あたりまえだ、ということが。

（『新しい国語　四上』東京書籍）

① この詩は、何連からできていますか。
（四連）

② 一連と二連に共通する「ふしぎ」とは何ですか。
（色が変わること）

③ 作者の一番言いたいことは、何連に書いていますか。
（四連）

④ この詩のなかに出てくる色を書きましょう。
黒（色）　銀（色）
青（色）　白（色）

⑤ この詩に使われている表現の工夫を三つ選びましょう。
（〇）擬人法（人のように表現する）
（　）反復法（ことばをくり返す）
（　）比喩（別のものにたとえる）
（〇）倒置法（言葉の順序を逆にする）

⑥ この詩で作者の思いに近いと思うもの一つに〇をつけましょう。
（〇）あたりまえな生活こそ大切である。
（　）あたりまえなことを聞くとわらわれて、わけが分からないほうがいい。
（　）ふしぎなことが、あたりまえに思えるのはなぜだろう。

[P.55] 物語文 白いぼうし②

次の文章を読んで、後の問いに答えましょう。

名前

緑がゆれているやなぎの下に、かわいい白いぼうしが、ちょこんとおいてあります。松井さんが、車から出ました。
そして、ぼうしをつまみ上げたとたん、ふわっと何かが飛び出しました。
「あれっ。」
もんしろちょうです。あわててぼうしをふり回しました。そんな松井さんの目の前を、ちょうはひらひら高くまい上がると、なみ木の緑の向こうに見えなくなってしまいました。
「ははあ、わざわざここにおいたんだな。」ぼうしのうらに、赤いししゅう糸で、小さくぬい取りがしてあります。
「たけやまようちえん　たけの　たけお」
いている松井さんの横を、太ったおまわりさんが、じろじろ見ながら通りすぎました。
「せっかくのえものがいなくなっていたら、この子は、どんなにがっかりするだろう。」
ちょっとの間、かたをすぼめてつっ立っていた松井さんは、何を思いついたのか、急いで車にもどりました。

（あまんきみこ『国語四上』かがやき　光村図書）

① なぜ、松井さんは車から出たのですか。
白い（ぼうし）が、（ちょこんとおいてあった）から。

② ぼうしから飛び出したのは、何ですか。
（もんしろちょう）

③ ことは、どこのことですか。
（やなぎの下）

④ ぼうしは、だれのものでしたか。
（たけの　たけお（くん））

⑤ なぜ、だれのぼうしかわかったのですか。
（ぼうしのうら）に、（ぬい取り）がしてあったから。

⑥ 松井さんがため息をついたのはなぜですか。
（たけおくんがつかまえた）ちょうが、（にげてしまった）から。

⑦ この子とはだれのことですか。
（たけの　たけおくん）

⑧ えものとは何のことですか。
（もんしろちょう）

⑨ がっかりすると思ったのはなぜですか。
（せっかくのえものがいなくなったから。）

この子とはだれのことですか。
（　）松井さん
（〇）たけの　たけおくん
（　）おまわりさん

がっかりすると思ったのはなぜですか。
（せっかくのえものがいなくなったから？）

「なぜですか」と理由をきかれているから、「〜から」と答えているよ

物語文　白いぼうし ③
名前

次の文章を読んで、後の問いに答えましょう。

すると、ぽかっと口を○の字に開けている男の子の顔が、見えてきます。「お」

① 男の子の顔が見えたとき、松井さんはどう思いましたか。

② なぜ、「まほうのみかん」なのですか。

④ 「車のまどの外」とは、どこのことですか。

⑤ 文に出てくる色を、さがして三つ書きましょう。
○（白）
○（色）
○（色）

⑥ 「よかったね」「よかったよ」と言っているのはだれですか。
○（男の子）
○（松井さん）
○（白いちょう）

物語文　一つの花 ①
名前

次の文章を読んで、後の問いに答えましょう。

① このお話は、いつのころのことでしょう。

② ゆみ子が最初に覚えた言葉は何でしたか。

③ そんなものとは、どんなものですか。
○（おまんじゅう）
○（キャラメル）
○（チョコレート）

物語文　一つの花 ②
名前

次の文章を読んで、後の問いに答えましょう。

① 文は、どんな日のことを書いていますか。
（お父さん）が（戦争）に行く日のこと。

② ゆみ子はお母さんにおぶわれて、どうして汽車の駅まで送っていきましたか。

③ ゆみ子は、何をかぶっていきましたか。
（わた入れ）の（防空頭巾）。

④ お母さんのかばんには、何が入っていましたか。
（包帯）（お薬）
（配給のきっぷ）（おにぎり）

⑤ おにぎりは、だれのために作っていましたか。

⑥ なぜ、お母さんはゆみ子におにぎりを全部食べさせたのでしょうか。

⑦ 戦争中であることがよくわかる言葉を、次の中から二つ選び、○をつけましょう。
（　）防空頭巾
（　）かばん
（　）配給のきっぷ
（　）汽車の駅

物語文　一つの花 ③
名前

次の文章を読んで、後の問いに答えましょう。

① 駅の人ごみの中からは、どんな声が聞こえてきましたか。二つ書きましょう。
（勇ましい軍歌）
（ばんざいの声）

② なぜそうしたと考えられますか。次の中から選び、○をつけましょう。

① どんどんぶきと同じに使われているものに、○をつけましょう。

物語文　ごんぎつね①

名前　　　　月　日

次の文章を読んで、後の問いに答えましょう。

これは、わたしが小さいときに、村の茂平というおじいさんから聞いたお話です。

昔は、わたしたちの村の近くの中山という所に、小さなお城があって、中山様というおとの様がおられたそうです。

その中山から少しはなれた山の中に、「ごんぎつね」というきつねがいました。ごんは、ひとりぼっちの小ぎつねで、しだのいっぱいしげった森の中に、あなをほって住んでいました。そして、夜でも、昼でも、あたりの村へ出てきて、いたずらばかりしました。畑へ入っていもをほり散らかしたり、菜種がらのほしてあるのへ火をつけたり、百姓家のうら手につるしてあるとんがらしをむしり取っていったり、いろんなことをしました。

《新美 南吉「国語四下 はばたき」光村図書》

① このお話は、だれが、だれから聞いたものですか。
わたし（　　）が、だれから聞いたものですか。
わたし（　　）が、
村の（　　）の（茂平　）という
おじいさん（　　）から聞いたお話。

② 「わたしたちの村の近く」は、昔どんな所。
小さな（お城　）があり、（　　）
という（おとの様　）がおられたそうです。（中山様）

③ 「ごん」はどんなきつねですか。
（ひとりぼっち　）の（小　）ぎつね。

④ 「ほり散らかした」とは、どんな意味ですか。
ほったあと、ほったらかしにした。
ほったあと、ていねいにうめていた。

⑤ 「ごん」は、どこに、どのようにすんでいましたか。
しだのいっぱいしげった森の中に、あなをほってすんでいた。

⑥ 「ごん」のしたいたずらを、三つ書きましょう。
○いもをほり散らかした。
○菜種がらのほしてあるのへ火をつけた。
○とんがらしをむしり取っていった。

物語文　ごんぎつね②

名前　　　　月　日

次の文章を読んで、後の問いに答えましょう。

兵十がいなくなると、ごんは、ぴょいと草の中から飛び出して、びくのそばへかけつけました。ちょいと、いたずらがしたくなったのです。ごんは、びくの中の魚をつかみ出しては、はりきりあみのかかっている所より下手の川の中を目がけて、ぽんぽん投げこみました。どの魚も、トボンと音を立てながら、にごった水の中へもぐりこみました。

いちばんしまいに、太いうなぎをつかみにかかりましたが、なにしろぬるぬるとすべりぬけるので、手ではつかめません。ごんはじれったくなって、頭を口にくわえた。こんで、うなぎの頭を口にくわえて、飛びのくすがたに、ごんの首へまきつきました。そのとたんに兵十が、向こうから、

「うわあ、ぬすっとぎつねめ。」
とどなり立てました。ごんは、びっくりして飛び上がりました。うなぎをふりすててにげようとしましたが、うなぎは、ごんの首にまきついたままはなれません。ごんはそのまま横っ飛びに飛び出して、一生けんめいににげていきました。

ほらあなの近くのはんの木の下でふり返ってみましたが、兵十は追っかけては来ませんでした。ごんは、ほっとして、うなぎの頭をかみくだき、やっと外して、あなの外の草の葉の上にのせておきました。

《新美 南吉「国語四下 はばたき」光村図書》

① 兵十がいなくなると、ごんは何をしましたか。
（草　　）の中から飛び出して、
びくのそば（　　）へ
かけつけた。

② ごんはどんな思いで、①のことをしましたか。次の中から選んで、○をつけなさい。
○ちょっといたずらをしてみたいな。
○魚を取って食べたいな。
○ごんが見たい。

③ ごんは、うなぎをどうしましたか。次の中から選んで、○をつけなさい。
○じれったく
○かなしく
○うれしく

④ ④は次のどちらのことがわかりますか。
うなぎをどうしたのか。
あな（　　）の外の草の葉の上にのせておいた。

⑤ ごんは、うなぎの（頭　）をどうしましたか。
○ちぎってたいらげた。
○うなぎを食べるつもりはなかった。

物語文　ごんぎつね③

名前　　　　月　日

次の文章を読んで、後の問いに答えましょう。

次の日には、ごんは山でくりをどっさり拾って、それをかかえて兵十のうちへ行きました。

うら口からのぞいてみますと、兵十は、昼飯を食べかけて、茶わんを持ったまま、ぼんやりと考えこんでいました。変なことには、兵十のほっぺたに、かすりきずがついています。どうしたんだろと、ごんが思っていますと、兵十がひとり言を言いました。

「いったい、だれがいわしなんかを、おれのうちへ放りこんでいったんだろう。おかげでおれは、ぬすっ人と思われて、いわし屋のやつにひどいめにあわされた。」

と、ぶつぶつ言っています。
ごんは、これは（１）と思いました。

「かわいそうに、兵十は、いわし屋にぶんなぐられて、あんなきずまでつけられたのか。」

ごんは、こう思いながら、そっと物置の方へ回って、その入り口にくりを置いて帰りました。

次の日も、その次の日も、ごんは、くりを拾っては兵十のうちへ持ってきてやりました。

《新美 南吉「国語四下 はばたき」光村図書》

① 兵十のほっぺたに、きずをつけたのは、だれですか。
いわし屋

② どうして、そうなったのですか。
「考えこんでいた」兵十の気持ちを、次の中から選んで、○をつけましょう。
○いわしを取りかえされて、くやしい。
○一人だけを取りのぞいてやられて、さびしい。
○だれが、いわしを放りこんでいったのだろう。

③ 「考えこんでいた」兵十の気持ちを、次の中から選んで、○をつけましょう。
（ぬす人　）と思われたから。

④ （１）に入る正しい言葉に○をつけましょう。
○はずかしい
○しまった
○いやだな
○うれしい

⑤ この日、ごんが兵十にしたことは何ですか。
（くりを置いて帰った　）

⑥ 「次の日も、その次の日も」やめなかったのは、なぜですか。
○兵十には、めいわくをかけてしまったから。
○兵十は、くりが好きだったから。
○くりが多くとれて、あまったから。

物語文　ごんぎつね④

名前　　　　月　日

次の文章を読んで、後の問いに答えましょう。

そのとき兵十は、ふと顔を上げました。きつねがうちの中へ入ったたではありませんか。こないだ、うなぎをぬすみやがったあのごんぎつねが、またいたずらをしに来たな。

「ようし。」

兵十は立ち上がって、なやにかけてある火なわじゅうを取って、火薬をつめました。

そして、足音をしのばせて近よって、今、戸口を出ようとするごんを、ドンとうちました。

ごんは、ばたりとたおれました。
兵十はかけよってきました。うちの中を見ると、土間にくりがかためて置いてあるのが、目につきました。

「おや。」

と、兵十は、びっくりして、ごんに目を落としました。

「ごん、おまいだったのか。いつも、くりをくれたのは。」

ごんは、ぐったりと目をつぶったまま、うなずきました。

兵十は、火なわじゅうをばたりと、取り落としました。青いけむりが、まだつつ口から細く出ていました。

《新美 南吉「国語四下 はばたき」光村図書》

① （１）には、かなが一文字入ります。次の中から選び、○をつけましょう。
（きつね　）が
（うちの中　）に
（　　）と

② ふと顔を上げた兵十は何を見ましたか。
きつね（　　）が
うちの中（　　）に入った
（　　）のを見た。

③ 兵十が、ごんに対してはらを立てていることがわかる言葉を書きましょう。
あのごんぎつね（ぬすみやがった　）
（め　）

④ 兵十のうちの中は、どうなっていましたか。
土間に、くりがかためて置いてあった。

（「どうなって」と聞かれているから「（〜して）あった」と答えているよ）

⑤ 「ごん、おまえだったのか。いつも、くりをくれたのは。」から分かる兵十の気持ちに、正しいと思うものに○を二つつけましょう。
○しまった、じゅうでうつんじゃなかった。
○やっと、いたずらぎつねをしとめたぞ。
○お前は、いたずらぎつねじゃなかったんだな。
○くりなんかくれたって、うなぎのつぐないにはならないぞ。

[P.64] 物語文　プラタナスの木　①

名前
月　日

次の文章を読んで、後の問いに答えましょう。

　ある日、おじいさんは不思議なことを言った。
　「このプラタナスの木が、さか立ちしているところを考えたことがあるかい。」
　アラマちゃんが、いつものようにおどろいた。
　「あらま、木がさか立ち。」
　「そう。この木がさか立ちするだろう。すると、木のみきや枝葉と同じぐらいの大きさの根が出てくるんだよ。木とといってもいいくらいの大きさ。土の中でそれと同じぐらい大きな根が広がって、水分や養分を送っているんだ。」
　「どの木もみんなそうなんですか。」
　花島君がマーちんの頭ごしにきいた。
　「たいていの木は、大きな根が地面の下にぎっしり広がっているのさ。だから、このプラタナスの木が公園全体を守っている、といってもいいくらいだ。もし、地上の木や枝葉がなくなったら、根は水分や養分を送れなくてこまってしまうのさ。」
　今度と花島君とクニスケは「ふうん。」と同じような声を出したが、アラマちゃんはやっぱり「（1）」と言った。

（椎名誠「国語四下」はばたき　光村図書）

① さか立ちしているところを考えるとは、木の何を考えることですか。
　木の（　　　　　）のことを考えること。

② プラタナスの木の根はどれくらいの大きさですか。
　木のみきや枝葉と同じぐらいの大きさ。

③ 木の根の働きをまとめて、二つ書きましょう。
　上に生えている枝や葉をささえる。
　（枝や葉に）水分や養分を送る。

④ プラタナスの木が公園全体を守るとはどんなことですか。次の中から選んで、○をつけましょう。
　プラタナスの木が風よけになること。
　プラタナスの葉が日かげを作ること。
　プラタナスの根が公園全体の地面を支えていること。

⑤ 木の根がこまると水分や養分を送れなくなるとはどういうことですか。
　根が水分や養分を送れなくなるということ。

⑥ （1）に入る言葉を次の中から選んで、○をつけましょう。
　へえー
　あらま
　ふうん

「考えること」を聞かれているから「～を考えること」と答えているよ

[P.65] 物語文　プラタナスの木　②

名前
月　日

次の文章を読んで、後の問いに答えましょう。

　長い夏休みが終わり、新学期が始まった。
　プラタナス公園の異変を最初に知らせてくれたのは、ハイソックスをずり落としながら走ってきたクニスケだった。プラタナスの木がなくなっている、というのだ。
　「ハイソックスをずり落としながら走った。」
　本当だった。マーちんが、お父さんのふるさとで台風にあっていたころ、この公園も台風におそわれていたのだ。放課後、四人はプラタナス公園に走った。
　近所の人に聞くと、台風でプラタナスがたおれかかってきたけれど、当然だけれど、プラタナスの木がなくなっていた。
　マーちんたちがいない間に、大きなプラタナスは切り株だけを残して消えてしまっていた。その横には、強い日を浴びて、ベンチがぽつんと置かれている。
　公園は、立ち入り禁止になっていた。
　「根は、ほられてはいないみたいだ。でも残った根っこはきっとこまっているんだろうね。」
　花島君が、かたを落として言った。アラマちゃんは、いつもの口ぐせを言わずにだまっている。

（椎名誠「国語四下」はばたき　光村図書）

① 何が終わり何が始まったのですか。
　（長い夏休み）が終わり
　（新学期）が始まった。

② プラタナス公園の異変とは何かという表現からクニスケのどんなことがわかりますか。
　きちんと伝えたいと急いでいること。

③ ハイソックスをずり落としながら走っているという表現から、（　　　）小さなことに気にしない。
　早く伝えたいと急いでいる。
　小さなことに気にしない。

④ 台風でプラタナスの木はどうなっていましたか。
　たおれかかっていました。

⑤ 公園はどうなりましたか。
　立ち入り禁止になっていた。

⑥ かたを落とすとは○をつけましょう。どういう意味ですか。
　がっかりする。

⑦ 花島君がかたを落としたのはなぜですか。正しい説明文に○をつけましょう。
　公園が立ち入り禁止になってしまったから。
　プラタナスの木が切られてしまったから。
　残った根っこはこまっている。

[P.66] 物語文　プラタナスの木　③

名前
月　日

次の文章を読んで、後の問いに答えましょう。

　立ち入り禁止がとけて、マーちんたちは、どうしたか。
　木が切られてから、おじいさんは公園にすがた前ほど白熱しなくなっていた。サッカー前のように、マーちんたちは、日かげのなくなったベンチにだまってすわりこんだ。
　みんなが何を考えているかは分かる。だまっているけれど、みんなある日、ベンチにすわっていたマーちんは、思いついたように、プラタナスの切り株の真ん中に立ってみたら、そうしたい気持ちが広がっているのだ。今でも地下に広がっている根のことを想像していたら、そうしたい気持ちになったのだ。
　花島君が不思議そうに見ていたけれど、みんなが木のみきや枝や葉になっているみたいだ。
　両手を広げてプラタナスの木の切り株を真ん中にして、そうしたい根の上に立っていると、みんなが木のみきや枝や葉になったみたいだ。

（椎名誠「国語四下」はばたき　光村図書）

① 立ち入り禁止がとけて、マーちんたちはどうしましたか。
　公園に遊びに行くようになった。

② 日かげがなくなったのはなぜですか。
　太陽が雲にかくれたから。
　夕方になり太陽がしずんだから。
　プラタナスの木が切られたから。

③ ○プラタナスの木のどこになってすわりこんだ（　　　おじいさん　　　）は
　なぜ白熱しなくなったのでしょうか。
　公園のプラタナスの木が切られたから。

④ そうしたい気持ちとは何をしたいという気持ちですか。
　プラタナスの切り株の上に立ってみたいという気持ち。

⑤ 切り株の真ん中に立っているのはだれですか。
　（せいの高い）花島君

⑥ みんなの両手は、プラタナスのどこになるのでしょうか。
　みきや枝

⑦ プラタナスの切り株に乗ったみんなは何人ですか。
　（四人）

[P.67] 説明文　手で食べる、はしで食べる　①

名前
月　日

次の文章を読んで、後の問いに答えましょう。

　はしは、いつ、どこで生まれたようです。それ以前は手で食べていたということです。はしは、スープなどを飲むためのれんげやスプーンといっった。それが近くの国々にも使われていて、三千年以上前に中国で生まれた。日本にも、最初ははしとスプーンのセットが入ってきましたが、木の茶わんが使われ、しる物も茶わんをじかに口につけて食べる食べ方がふつうになったため、スプーンは使われなくなり、はしでご飯を食べる所は、日本以外にも、韓国・中国・ベトナムなどがあります。国によってその使い方や形がちがいます。
　例えば、韓国では、ご飯やスープをスプーンで食べて、おかずを取るときに、金ぞくのはしを使います。金ぞくのうつわにご飯やスープを入れるため、うつわを置いたまま食べ、熱いものも持ちにくいので、熱いときはスプーンのほうがご飯が食べやすいのです。それにはスプーンのように、ご飯のうつわを手で持つのは、韓国ではぎょうぎが悪いこととされています。

（森枝卓士「みんなで学ぶ　小学校国語　四年上」学校図書）

① はしは、いつ、どこで生まれましたか。
　いつ　　（三千年以上前）
　どこで　（中国）

② はしといっしょに使われていたものは何と何ですか。
　（れんげ）と（スプーン）

③ 日本でスプーンを使われなくなったのはなぜですか。
　木の茶わんが使われ、しる物も茶わんをじかに口につける食べ方がふつうになったから。

④ はしでご飯を食べる所は、日本以外にどこがありますか。3つ書きましょう。
　韓国
　中国
　ベトナム

⑤ 韓国ではしを使うのはどんなときですか。
　おかずを取るとき。

⑥ 韓国でうつわを置いたまま食べるのはなぜですか。
　金ぞくのうつわにご飯やスープを入れるので、熱いと持ちにくいため。

⑦ ご飯のうつわを手で持つのは、何とされていますか。
　ぎょうぎが悪い

「なぜですか」と理由を聞かれているから「～ため」や「～から」と答えているよ

説明文 手で食べる、はしで食べる②

名前　　　　月　日

次の文章を読んで、後の問いに答えましょう。

中国やベトナムのはしは、日本のものよりも長くできています。大きな皿にもった料理を、みんなの中央に置き、手をのばして食べるからです。日本は、昔から一人一人のおぜんに料理をもって、短いはしでよかったのです。

また、日本のはしは先がとがっていますが、日本の人々がめいめいが自分せん用のはしを持っているのがめずらしいことです。日本の他には、モンゴルの人々が肉のかたまりを切り分けるナイフとはしがセットになったものを、一人ずつ持っているくらいになったので、「だれのはし」と決められていないことが多いのです。

どのような方法で食べるかということは、それぞれの国の「文化」から生まれた人々のちえなのです。

（森枝卓士「スプーンで学ぶ」小学校国語 四年上 学校図書）

① 中国やベトナムのはしが日本より長いのはなぜですか。
（大きな皿にもった）料理を、（みんなの中央）に置き、（手をのばして）食べるから。

② 日本は短いはしでよかったのはなぜですか。
（一人一人のおぜんに料理を）もったから。

③ 自分せん用のはしを持っているのは、日本とどこの国ですか。
（モンゴル）

④ モンゴルで一人ずつセットにして持っているものははしと何でしょう。
（ナイフ）

⑤ 食べ物や生活のしかたのちがいのことを別の言葉で何と表現していますか。
「文化」のちがい

⑥ （　）に入る言葉を選びましょう。
（　しかし　）（　そのうえ　）（○このように）

説明文 アップとルーズで伝える①

名前　　　　月　日

次の文章を読んで、後の問いに答えましょう。

テレビでサッカーの試合を放送しています。今はハーフタイム。後半が始まろうとするところで、画面には（1）。会場全体がうつし出されています。両チームの選手たちは、コート全体に広がって、体を動かしてる。

コートの中央に立つ選手をうつしました。ホイッスルと同時にボールをける選手です。顔を上げてボールをける方向を見ているようです。

初めの画面のように、広いはんいをうつすとり方を「ルーズ」といいます。次の画面のように、ある部分を大きくうつすとり方を「アップ」といいます。

観客席も、ほぼ画面いっぱいにうつっています。おうえんするチームの、チームカラーの洋服などを身に着けた人たちで、会場全体が、静かに、こうふんをおさえて、開始を待ち受けている感じが伝わります。

（中谷日出「国語四上」かがやき 光村図書）

① テレビで放送しているのは、何ですか。
（サッカーの試合）

② 両チームの選手たちは、何をしていますか。
コート全体に広がって、体を動かしてる。

③ コートの中央に立つ選手は、ホイッスルと同時に何をしますか。
ボールをける

④ 選手は、顔を上げてどこを見ていますか。
ボールをける方向

⑤ 広いはんいをうつすとり方を何といいますか。
ルーズ

⑥ アップとはどんなとり方ですか。
ある部分を大きくうつすとり方

⑦ アップとルーズを選んだり、組み合わせたりすること。

⑧ （1）（2）に入る言葉を　　　から選んで、記号を書きましょう。
（1）（イ）
（2）（ア）

　ア いよいよ　イ もうすぐ　ウ そのうち

説明文 アップとルーズで伝える②

名前　　　　月　日

次の文章を読んで、後の問いに答えましょう。

アップでとったゴール直後のシーンを見てみましょう。ゴールを決めた選手が両手を広げて走っています。ひたいにあせを光らせ、口を大きく開けて、よろこびを表しながら走る選手がよく伝わります。アップでとると、細かい部分の様子がよく分かります。

アップでとると、なかなか分からないこのとき、ゴールを決めた選手のうれしそうな顔つきや視線、それらから感じられる気持ちまでは、なかなか分かりません。

（1）、各選手の顔つきや視線、それらから感じられる気持ちは、なかなか分かりません。

勝ったチームのおうえん席のシーンを見てみましょう。あちこちでふられる旗、たれまく、立ち上がっている観客、それに向かって手をあげる選手たち。ルーズでとると、広いはんいの様子がよく分かります。

試合終了直後の、このよろこび合った選手とおうえん席の人たちが一体となって、しょうりをよろこび合っています。

（中谷日出「国語四上」かがやき 光村図書）

① アップでとると、どんな様子がよく分かりますか。
細かい部分の様子

② ルーズでとると、どんな様子がよく分かりますか。
広いはんいの様子

③ アップでとると、なかなか分からないことは何ですか。
各選手の顔つきや視線、それらから感じられる気持ち。

④ 次のシーンは、「アップ」か「ルーズ」のどちらでとるのがいいか書きましょう。
・各選手の顔つきや視線（　アップ　）
・おうえん席の様子（　ルーズ　）
・選手と観客の様子（　ルーズ　）
・ゴールを決めた選手の様子（　アップ　）

⑤ （1）にあてはまる言葉を選んで、○をつけましょう。
（○だから）（　しかし　）（　そして　）

⑥ （2）にあてはまる言葉を選んで、○をつけましょう。
（　また　）（　もし　）（○でも）

説明文 アップとルーズで伝える③

名前　　　　月　日

次の文章を読んで、後の問いに答えましょう。

写真にも、アップでとったものとルーズでとったものがあります。新聞を見ると、伝えたい内容に合わせて、どちらかの写真が使われていることが分かります。取材のときには、いろいろな角度やより近くから、多くの写真をとっています。そして、その中から目的にいちばん合うものを選んで使うようにしています。

同じ場面でも、アップとルーズのどちらで伝えるかによって、伝わる内容がかわってしまう場合があります。（1）、送り手は伝えたいことに合わせて、アップとルーズを選んだり、組み合わせたりする必要があるのです。みなさんも、クラスの友達や学校のみんなに何かを伝えたいと思うことがあるでしょう。そのときには、ある部分を細かく伝える「アップ」と、広いはんいの様子を伝える「ルーズ」があることを思い出しましょう。そうすることで、受け手に伝えたいことがより分かりやすく、あなたの伝えたいことを、受け手にとどけることができるはずです。

（中谷日出「国語四上」かがやき 光村図書）

① それらとは、何と何のことですか。
（アップで）とった写真と（ルーズで）とった写真

② そのとは何のことですか。
（多くの写真）

③ 同じ場面でも、アップとルーズのどちらで伝えるかによって何がかわりますか。
伝わる内容

④ アップとルーズはどんな様子を伝えるのか、次の中から選んで、○をつけましょう。
アップ…（○ある部分を細かく）（　広いはんいの様子を　）伝える
ルーズ…（　ある部分を細かく　）（○広いはんいの様子を）伝える

⑤ （1）に入る言葉を選んで、○をつけましょう。
（　にもかかわらず　）（　それどころか　）（○だからこそ）

⑥ 文をせつ明しているものを、次の中から選び、○をつけましょう。
（　アップとルーズのどちらか一つだけを使う　）
（○アップとルーズを選んだり、組み合わせてアップとルーズを選んだり、組み合わせたりする）
（　よく伝えるためにアップとルーズを、いつも両方使う　）

説明文　ヤドカリとイソギンチャク③

名前

月　日

◯ 次の文章を読んで、後の問いに答えましょう。

　では、イソギンチャクは、ヤドカリの貝がらに付くことで、何か利益があるのでしょうか。
　ヤドカリに付いていないベニヒモイソギンチャクは、ほとんど動きません。ですから、えさになる魚やエビが近くにやってくるのを待つしかありません。(1)、ヤドカリに付いていれば、いろいろな場所に移動することができるのです。その結果、えさをとる機会がふえるのです。(2)、その食べのこしをもらうこともできるのです。
　ベニヒモイソギンチャクの美しい海では、いくつものソメンヤドカリを見ることができてきます。ヤドカリとイソギンチャクは、たがいに助け合って生きているのです。

（武田正倫編「新しい国語 四上」東京書籍）

① ベニヒモイソギンチャクのえさは何でしょうか。
（魚やエビ　）
② ヤドカリに付いたイソギンチャクのえさをとる機会が増えるのはなぜですか。
（ヤドカリに付いていれば、いろいろな場所に移動することができるから。）
③ (1)にあてはまる言葉を選んで、◯をつけましょう。
（　）そして
（　）しかし
（◯）だから
④ (2)にあてはまる言葉を選びましょう。
（　）しかし
（　）しかも
（◯）また
⑤ ベニヒモイソギンチャクを貝がらに付けたソメンヤドカリが見られるのはどこですか。
（さんごしょうの美しい海　）
⑥ ヤドカリとイソギンチャクの関係で正しい文に◯をつけましょう。
（　）ヤドカリはイソギンチャクをえさにしている。
（　）イソギンチャクはヤドカリに付いているそのえさをとることができない。
（◯）ヤドカリとイソギンチャクはたがいに助け合っている。

説明文　ヤドカリとイソギンチャク①

名前

月　日

◯ 次の文章を読んで、後の問いに答えましょう。

　ソメンヤドカリは、主にさんごしょうに多いソメンヤドカリの仲間で、さんごしょうに多いソメンヤドカリは、貝がらにイソギンチャクを付けて歩き回っています。観察してみると、貝がらの上に四つのベニヒモイソギンチャクを付けています。中には、九つものイソギンチャクを付けていたものも記録されています。この重なるようなヤドカリのすがたは、いかにも重そうに見えます。
　なぜ、ヤドカリは、いくつものイソギンチャクを貝がらに付けているのでしょうか。
　このことを調べるために、次のような実験をしました。
　まず、おなかをすかせたタコのいる水そうに、イソギンチャクを付けていないヤドカリを放します。タコはヤドカリが大好物なので、長いあしですぐヤドカリをつかまえ、貝がらからひきずり出してしまいます。
　次に、イソギンチャクを付けているヤドカリを入れてみます。タコは、ヤドカリをとらえようとしてしきりにあしをのばしますが、イソギンチャクにふれそうになると、あわててあしを引っこめてしまいます。ヤドカリが近づくと、タコは後ずさりしたり、水そうの中をにげ回ったりします。

（武田正倫編「新しい国語 四上」東京書籍）

① ソメンヤドカリは、主にどこに住んでいますか。
（さんごしょう　）
② ソメンヤドカリは、貝がらに何を付けていますか。
（イソギンチャク　）
③「このことは何のことですか。
（ヤドカリが、いくつものイソギンチャクを貝がらに付けていること。）
④ 実験のため水そうに入れるタコはどんな状態のタコですか。
（おなかをすかせた状態のタコ）
⑤ イソギンチャクを付けていないヤドカリは、ふつういくつのイソギンチャクを貝がらに付けていますか。
（二つから四つ）
⑥ ふつう、タコはどのようにしてヤドカリを食べますか。
（長いあしでヤドカリをつかまえ、貝がらからひきずり出して食べる。）
⑦ 実験のタコは、イソギンチャクにふれそうになるとどうなりますか。
（あわててあしを引っこめる。）
⑧ ヤドカリが近づくと、タコはどうなりますか。
タコは（後ずさり　）したり、（水そうの中をにげ回ったり　）する。

説明文　花を見つける手がかり①

名前

月　日

◯ 次の文章を読んで、後の問いに答えましょう。

　実験は、まず、花だんの花を使って始めました。花だんには、赤・黄・むらさき・青と、四種類の色の花がさいています。少しはなれた所で、生まれてから花を見たことのないもんしろちょうを、いっせいに放しました。
　もんしろちょうは、いっせいに、花だんに向かってとんでいきます。花だんにたどりちゃくと、生まれながらに、ちょうどよく集まる花と、そうでない花とがあります。注意して見ると、むらさきの花と赤い花には、あまり来ていないようです。
　もんしろちょうは、たちまち、ちょうどよく集まる花とあまり集まらない花に分かれてしまっています。（1）、そう決めてしまうのは早すぎます。たまたま、花だんに植えた赤い花が、おいしそうなにおいを出していないのかもしれないからです。色か、においか、——そこのところをたしかめるには、別の実験をしなければなりません。

（桑原万寿太郎「こんちゅうの世界 小学国語 四上」教育出版）

① 実験は、まず何を使って始めましたか。
（花だんの花　）
② 花だんには、何色の花がさいていますか。
（赤・黄・むらさき・青　）
③ もんしろちょうを見たことのないもんしろちょうを、いっせいに放したことから、どんなことからわかりますか。
④ ちょうのよく集まる花とあまり集まらない花は何色の花ですか。
よく集まる花…（　）
あまり集まらない花…（むらさきの花）（赤い花）
⑤ （1）に入る言葉を選んで、◯をつけましょう。
（　）でも
（　）もし
（　）また
⑥ もんしろちょうは、色で花を見つけると決めてしまうのは早すぎるのはなぜですか。
（赤い花が、おいしそうなにおいを出していないのかもしれないから。）
⑦ 別の実験でたしかめることは花の何と何ですか。
（色）と（におい）

「なぜですか」と理由を聞かれているから「～から」と答えているよ

説明文　ヤドカリとイソギンチャク②

名前

月　日

◯ 次の文章を読んで、後の問いに答えましょう。

　実は、イソギンチャクのしょく手は、何かにふれるとどんどん飛び出す仕組みになっています。そのしくみで飛び出すはりが飛び出すので、えさとなる魚やエビをしびれさせ、えさにするのです。魚やエビをどから、イソギンチャクのはりで、魚やエビをうすのです。タコも、イソギンチャクのはりで、しびれさせてえさにする。
　ヤドカリは、石に付いたイソギンチャクをそっとイソギンチャクに近づき、イソギンチャクを自分の貝がらに付けて、敵から身を守るのです。ヤドカリはイソギンチャクを自分の貝がらに付けていることで、敵から身を守ることができるのでしょうか。
　では、ヤドカリは、どうやって自分のイソギンチャクを石からはがすのでしょうか。ヤドカリとイソギンチャクの関係を研究しているカナダのロス博士は、ヤドカリとイソギンチャクをいっしょに水そうで観察しました。
　ヤドカリとイソギンチャクの関係を見れば、両方の貝にはさみを入れます。石などに付いたベニヒモイソギンチャクを、自分の貝がらに付けます。そして、かかえるようにして自分の貝がらの上におし付けるのです。ずいぶんらんぼうな方法に見えますが、イソギンチャクはしょく手をのばしたまま、はりも出も飛び出しません。

（武田正倫編「新しい国語 四上」東京書籍）

① イソギンチャクのしょく手は、何かにふれるとどんな仕組みになっていますか。
（何かにふれるとどんどん飛び出す仕組み）
② イソギンチャクのはりで、魚やエビをどうするのですか。
（しびれさせてえさにする。）
③ 次の文はヤドカリがイソギンチャクを自分の貝に付ける様子を表しています。□にあてはまる言葉を書きましょう。
ヤドカリは、イソギンチャクを（　）の貝からはがして、自分の貝がらの上に（　）。
（はがす　引っぱる　おし付ける　つく）
④ ヤドカリがイソギンチャクを自分の貝がらに付けることで、どんなことができる
（敵から身を守ることができる。）
⑤ ◯しょく手をのばしたまま、はりも出さない。
⑥ （　）自分からやどかりに付こうとする。
⑦ ◯自分の貝がらに付かないように貝にげまわる。

説明文　くらしの中の和と洋①

名前　　　　月　日

次の文章を読んで、後の問いに答えましょう。

日本では、くらしの基本である「衣食住」のどれにも、「和」と「洋」が入り交じっています。「衣」には和服と洋服があり、「食」には和食と洋食があり、「住」には和室と洋室があります。「和」は、伝統的な日本の文化にもとづくもので、「洋」は、主として欧米の文化から取り入れたものを指します。

ここでは、「衣食住」の中の「住」を取り上げ、日本のくらしの中で「和」と「洋」それぞれの良さがどのように生かされているか、考えてみましょう。

和室と洋室の最も大きなちがいは、ゆかの仕上げ方とそこに置かれる家具だといってよいでしょう。和室は、ゆかにたたみをしいて仕上げ、あまり家具を置かないようにします。一方、ほとんどの洋室は、板をはったり、カーペットをしいたりしてゆかを仕上げ、いすやテーブル、ベッドなど、部屋の目的に合わせた家具を置きます。このちがいが、部屋の使い方や、部屋の中でのすごし方のちがいを生み出すと考えられます。

〔新しい国語 四下 東京書籍〕

① 「衣食住」の中の「和」と「洋」は何と何ですか。それぞれ答えましょう。

「衣」…　和服　　洋服
「食」…　和食　　洋食
「住」…　和室　　洋室

② 「和」はどこの文化にもとづくもので、「洋」はどこの文化から取り入れたものですか。

和（　伝統的な日本の文化　）
洋（　主として欧米の文化　）

③ 和室と洋室の最も大きなちがいは何ですか。

（　ゆかの仕上げ方とそこに置かれる家具　）

④ 次の文は和室と洋室のどちらについて書いていますか。和室なら「和」、洋室なら「洋」と書きましょう。

（洋）板をはったりカーペットをしく
（和）ゆかにたたみをしく
（和）あまり家具を置かない
（洋）部屋の目的に合わせた家具を置く

⑤ 和室と洋室のちがいが生み出すものは何ですか。二つ書きましょう。

（　部屋の使い方　）
（　部屋の中でのすごし方の差　）

説明文　花を見つける手がかり②

名前　　　　月　日

次の文章を読んで、後の問いに答えましょう。

そこで、今度は、においのしないプラスチックの造花を使うことにしました。色は、花だんのときと同じ赤・黄・むらさき・青の四種類です。

もんしろちょうを放すと、やはり、まっすぐ花に向かってとんでいきました。止まって、みつをすおうとするものもいます。プラスチックの造花には、みつもないし、においもありません。（1）、もんしろちょうは、においではなく、花の色にひかれていると考えられるでしょう。そして、造花の色は何色でも、赤い花には、あまりやってきませんでした。

〔方言 順子「ひらがな言葉 小学国語 四上」教育出版〕

① 今度の実験は、何を使いますか。
（　においのしないプラスチックの造花　）

② もんしろちょうは造花にどのように飛んでいきましたか。
（　まっすぐとんでいった　）

③ そのあと、ちょうはどんなことをするものがいましたか。
（　止まって、みつをすおうとするもの。　）

④ プラスチックの造花にないものは何と何ですか。
（　みつとにおい　）

⑤ （1）に入る言葉を選んで、○をつけましょう。
（　　）なぜなら
（　○　）けれども
（　　）ですから

⑥ もんしろちょうは、においではなく、花の何にひかれていると考えられますか。
（　花の色　）

⑦ 造花の色には、やってこなかった色の花は何色ですか。
（　赤色　）

説明文　くらしの中の和と洋②

名前　　　　月　日

次の文章を読んで、後の問いに答えましょう。

和室、洋室でのすごし方には、それぞれどんな良さがあるのでしょうか。和室のたたみの上では、いろいろなせいをとることができます。きちんとした場では正ざをし、くつろぐときにはあぐらをくずしたり、ねそべったりしてすわります。ねころぶこともできます。人と人との間からくが自由に変えられるのもたたみの良さです。相手が親しければ近づいて話し、目上の人の場合には少しはなれて話すというように、自然にきょりの調節ができます。また、たたみの場合には、多人数が多くても、つめればみんなすわれます。

洋室で使ういすには、いろいろな種類があります。くつろぐ、勉強をするなど、それぞれの目的に合わせたせいがとれるように、形がくふうされています。ですから、長時間同じしせいですわっていても、つかれが少なくてすみます。

いすのよさは、すわったりしていても、長時間同じしせいであることもいすのかん単さです。体の重みを前方にうつるし、こしをうかせれば立ち上がれます。上半身の移動もわずかです。

〔新しい国語 四下 東京書籍〕

① 和室では、どこにすわりますか。
（　たたみ　）の上

② 和室では、どんなせいをとることができますか。四つ書きましょう。
・（　正ざ　）
・（　あぐらをくずして　）
・（　ねそべって　）
・（　ねころぶ　）

③ ②のほかにたたみの良さは何ですか。
（　人と人との間からくが自由に変えられること。　）

④ 洋室では、どこにすわりますか。
（　いす　）

⑤ いすの良さは何ですか。二つ書きましょう。
・（　長時間同じしせいで）すわっていても、（つかれが少なくて）すむ。
・（いすにすわっている）じょうたいから、次の動作にうつるのが（かん単。）

⑥ 「心身をゆったり休める」という意味の言葉を文中から探して書きましょう。
（　くつろぐ　）

説明文　花を見つける手がかり③

名前　　　　月　日

次の文章を読んで、後の問いに答えましょう。

次の実験では、花の代わりに、四角い色紙を使ってみました。色紙にも集まってくれば、花の形ではなく、色だけを考えられるのではなく、もんしろちょうをひきつけているということになるでしょう。用意した色は、前と同じ四種類です。もんしろちょうは集まってくれるでしょうか。

いよいよ、二百ぴきほどのもんしろちょうを放してみました。ただの紙なのに、やはり、ちょうは集まってきます。むらさき、黄色の色紙に止まったものもいます。もんしろちょうは、長い口をのばして、みつをすおうとしています。長い口をのばして、みつをすおうとしているちょうたちは、色紙を花だと思っているようです。

集まった色別に調べてみました。最も多く集まったのがむらさき、次に多かったのが黄色、青に来たものは少なく、赤には、ほとんど来ませんでした。念のため、赤い色紙にみつをつけたものも用意してみましたが、これにもちょうは来ませんでした。

〔方言 順子「ひらがな言葉 小学国語 四上」教育出版〕

① この実験では、何を使いましたか。
（　四角い色紙　）

② 花の形が問題なのではなく、色だけがもんしろちょうをひきつけているかどうかを（　集まってくる　）

③ 花の形が問題なのではなく、色だけがもんしろちょうをひきつけているということ。
（　集まってくること。　）

④ 止まったちょうは何をしようとしていますか。
（　長い口をのばして、みつをすおう　）としている。

⑤ 集まり方を色別に書きましょう。
（むらさき）→（黄色）→（青色）→（赤色）

⑥ このあと、念のために何を用意しましたか。
（　赤い紙にみつをつけたもの　）

⑦ この実験で分かったことを、次の中から選んで、○をつけましょう。
（　○　）もんしろちょうは、色紙を花だとずっと思っているらしい。
（　　）赤い色紙にみつをつけると、ちょうはやってきた。

「どんなことが～」と聞かれているので「～こと」と答えているよ

説明文　くらしの中の和と洋 ③
名前　　　月　日

次の文章を読んで、後の問いに答えましょう。

初めてたずねた家の部屋であっても、それが洋室であれば、何に使う部屋かということは大体見当が付きます。それぞれの部屋の家具が付きます。そこに置いてある家具を見れば、何に使う部屋なのか分かるのです。そういった目的に合わせて、ベッドが置かれています。(1)、勉強づくえや、テーブルやいすが置かれていて、そのために使いやすくつくられているのです。

これに対して、和室は、一つの部屋をいろいろな目的に使うことができるという良さがあります。(2)、家にお客さんがやってきたという場合を考えてみましょう。食事をし、とまっていくことになったという場合に、少なくとも良い食事をする部屋、とまってもらう部屋が必要になります。しかし、和室が一部屋あれば、そこでざぶとんをしいて話をし、ざたくに料理をならべて食事をし、かたづけてふとんをしくことができます。

(3) 見てくると、和室と洋室には、それぞれ良さがあることが分かります。わたしたちは、その両方の良さを取り入れてくらしているのです。

〔「新しい国語」四上　東京書籍〕

① ( )にあてはまる言葉を見て、何に使う部屋かは何
　○そこにおいてある家具

③ (1)(2)には同じ言葉が入ります。選んで○をつけましょう。
　○つまり
　○例えば　　正

④ (3)に入る言葉を、選んで○をつけましょう。
　○だから
　○このように
　○もっと
　○くわしく

⑤ 文からわかることは次のどれですか。( )に○を二つ入れましょう。
　○洋室より和室のほうが使いやすい。
　○日本では洋室と和室の良さを取り入れている。
　○日本では和室が少なくなり洋室がふえた。
　○和室と洋室にはそれぞれの良さがある。

説明文　世界にほこる和紙 ②
名前　　　月　日

次の文章を読んで、後の問いに答えましょう。

もう一つ、わたしが、より多くの人に和紙を使ってほしいと考えるのには、やぶれにくく、長もちするということ以外にも理由があります。かつては、ヨーロッパの国々でも、和紙とは原材料がことなるものの、さかんに人の手によって紙が作られていました。(1)、今では、その…らしいかのこっていません。いっぽう、日本には、人の手で和紙を作っているような場所が、今も、二百か所ほどあります。

(2)、日本には、和紙を作っている所がこんなにものこっているのでしょうか。

わたしたちが、和紙の風合いを美しいと感じ、自分の気持ちを表す方法の一つとして、和紙を選んで使ってきたからなのではないかと考えています。

今からおよそ千年前の平安時代、短歌を書くときには、美しくかざられたきれいな和紙が使われていました。手紙の便せんを買いに行けば、和紙を書くためのものもならんでいて、受け取る相手や伝えたい気持ちに合わせて、それらを選ぶ人がいます。

〔増田　勝彦「図書四下　はばたく」光村図書〕

① ( )にあてはまる言葉を選んで、○をつけましょう。
　○しかも
　○しかし
　○それとも
　○けれども

② そのような場所とは、何をさしていますか。
　人の手によって紙が作られている場所。

③ 日本で、人の手で和紙を作っている所は、今何か所ほどありますか。
　二百か所ほど

④ ( )にあてはまる言葉を選んで、○をつけましょう。
　○それは
　○しかし
　○なぜ

⑤ 「風合い」の読み方を書き、正しい意味を選んで○をつけましょう。
　読み方（ふうあい）
　意味
　○きれいで長もちすること
　○見た感じ
　○かおりやあじわい

⑥ 和紙を買う人は、何に合わせて和紙を選んでいるのですか。二つ書きましょう。
　○受け取る相手
　○伝えたい気持ち

説明文　世界にほこる和紙 ③
名前　　　月　日

次の文章を読んで、後の問いに答えましょう。

わたしは、自分のことをしょうかいするめいしを和紙で作っています。かんたんにはやぶれない、長もちする和紙を使うことで、わたしと相手との出会いを大切にしている気持ちを表しているのです。孫にお年玉をあげるときにも、和紙のふくろを使います。よりよろこんでもらいたいという思いから、ぬくもりのある美しい和紙を選ぶのです。

このように、わたしたちの気持ちを和紙のもつよさと、使う長い間、和紙は作られ、さまざまなところで使われ続けてきたのだと、わたしは考えています。そして、世界にほこれる無形文化遺産になりました。みなさんは、今、洋紙だけでなく、和紙を選ぶこともできます。紙を選ぶことは、とてもすてきなことです。みなさんも、世界にほこる和紙を、生活の中で使ってみませんか。

〔増田　勝彦「図書四下　はばたく」光村図書〕

① めいしに使う和紙のとくちょうを二つ書きましょう。
　○かんたんにはやぶれない
　○長もちする

② 自分のことをしょうかいするめいしを和紙で作っているのはなぜですか。
　わたしと相手との出会いを大切にしている気持ちを表したいから。

③ 孫にお年玉をあげるときにも、和紙を使うのはなぜですか。
　よりよろこんでもらいたいという思いから。

④ 次の文を読んで、正しいものに○をつけましょう。
　○和紙のよさと選ぶ人の気持ちによって和紙は使われ続けてきた。
　○和紙を使うと洋紙より気持ちが伝わりやすい。
　○和紙は洋紙よりすぐれている。
　○美しくかざりたいときや相手によろこんでもらいたいときは必ず和紙を使う。
　○相手や自分の気持ちに応じて紙を選ぶことはすてきなことだ。

「なぜですか」と理由を聞かれているから「〜から」と答えているよ

説明文　世界にほこる和紙 ①
名前　　　月　日

次の文章を読んで、後の問いに答えましょう。

まず、和紙のよさについて考えてみましょう。和紙には、洋紙とくらべて、やぶれにくく、長もちするという二つのとくちょうがあります。このようなちがいは、何によって生まれるのでしょうか。

紙のやぶれにくさは、せんいの長さのちがいが関係しています。紙は、そこにふくまれるせんいが長いほど、よりやぶれにくくなります。そして、和紙と洋紙でせんいの長さをくらべると、和紙はとても長いせんいでできています。そのため、和紙は、洋紙よりもやぶれにくいのです。

紙が長もちするかどうかは、作り方のちがいによります。洋紙を作るときには、とても高い温度にしたり、多くの薬品を使ったりします。(1)、紙を作るときには、洋紙ほど高い温度にすることはなく、薬品もあまり使いません。よりおだやかなかんきょうで作られている和紙は、時間がたっても紙の成分が変化しにくく、その結果、長もちするのです。

〔増田　勝彦「図書四下　はばたく」光村図書〕

① 洋紙とくらべたときの、和紙のとくちょうを二つ書きましょう。
　○やぶれにくい
　○長もちする

② 紙のやぶれにくさは何が関係していますか。
　○せんいの長さのちがい

③ 紙のやぶれにくさは何ですか。
　紙にふくまれるせんいが長いほど、よりやぶれにくくなる。
　　（和紙）

④ 洋紙と和紙でせんいが長いのはどちらですか。
　（和紙）

⑤ 洋紙を作ることにするときにすることを二つ書きましょう。
　○とても高い温度にする。
　○多くの薬品を使う。

⑥ (1)に入る言葉を選んで○をつけましょう。
　○だから
　○つまり
　○しかし

⑦ おだやかなかんきょうとは、ここではどんなことをさしていますか。
　○高い温度にすることはなく、薬品もあまり使わないこと。

[P.84] 説明文 数え方を生み出そう①

名前　　　月　日

次の文章を読んで、後の問いに答えましょう。

わたしはアメリカで、日本語を勉強している小学生に数え方を教えたことがあります。子どもたちは授業でしばらく日本語を学んできましたが、ふだんは外国語で生活しています。ある日、わたしはかれらにニンジンの数え方を聞いてみました。正しい答えは「一本」なので、それを期待していたのですが、あがった声は意外なものでした。子どもたちからは、

「ぼくはニンジンが好きだから『一好き、二好き』がいいと思う。」

と、びっくりするような新しい数え方が飛び出したのです。アメリカの子どもたちは、ニンジンを見たときに、それらを「本」と数えるときには、細長いということだけでなく、ほかの特ちょうに気づいたり、好きかきらいかということを考えたりして、自分たちで数え方を生みだしていたのです。

① わたしが日本語を勉強している小学生に数え方を教えたのはどこの国ですか。
（アメリカ）

② その小学生は、ふだんはどんな言葉で生活していますか。
（外国語）

③ わたしは何の数え方を聞いてみたのですか。
（ニンジン）

④ それとは何をさしていますか。
（ニンジン）

⑤ ①・②には、正しい答えが入りますか。アイのどの文が入りますか。選んで記号を書きましょう。
ア「ニンジンは固くてガリガリかじらなくちゃいけないから『一ガリ、二ガリ』です。」
イ「ニンジンは『一オレンジ、二オレンジ』だと思います。」
①（ア）　②（イ）

⑥ 新しいニンジンの数え方を考えて、書きましょう。
（例）
一カロチン、二カロチン（カロチンがふくまれるから）
一ポリポリ（ポリポリ食べるのがすきだから）
一ニガリ、二ニガリ（自分がニガテだから）
一カレー、二カレー（カレーライスにはいっているから）

[P.85] 説明文 数え方を生み出そう②

名前　　　月　日

次の文章を読んで、後の問いに答えましょう。

日本語を正しく使うために大切なことは、正しい数え方を身につけることは、とても大切です。（１）それはわたしたちのものの見方をせばめてしまうこともあります。ニンジンやえん筆を見ても細長いという特ちょうにしか目が行かなくなるのです。数え方は、今あるものを正しく覚えて使うだけでなく、新しく生みだすこともできるのだから、日本語の数え方に改めて気づくのは、固さやにおい、温度、味、古さ、好ききらいなどを表すものがないということです。もし、こういった特ちょうを表す数え方が生まれたら、日本語はもっと便利で表情ゆたかになるかもしれません。

ニンジンやえん筆を見ても細長いという特ちょうにしか目が行かなくなることが、このような例は、日本語の歩みの中ではめずらしいことではありません。

① 日本語を正しく使うために大切なことは何ですか。
（正しい数え方を身につけること。）

② （１）にあてはまる言葉を選んで、○をつけましょう。
（　）だから
（○）しかし
（　）このように

③ 正しく数え方を身につけることが、ものの見方をせばめてしまうとは、細長いという特ちょうにしか目が行かなくなること。

④ ニンジンやえん筆を表す数え方とは何でしょう。
細長いという特ちょうのこと。

⑤ 日本語にはない特ちょうを表す数え方とは何でしょう。
色やにおい、温度、味、古さ、好ききらいなど。

⑥ 特ちょうを表す数え方が生まれると日本語はどうなるでしょう。
もっと便利で表情ゆたかになる。

⑦ そんなこととは何をさしていますか。
新しい数え方を生み出すこと。

[P.86] 説明文 数え方を生み出そう③

名前　　　月　日

次の文章を読んで、後の問いに答えましょう。

その後にも、数え方は生まれ続けています。

家は「一けん」と数えますが、マンションなどの大がたの集合住たくの場合には、「一とう」と数えることが多いようです。近年は広告などで、ごうかな建物を連想させる「一てい」という言葉も使われています。にぎりずしの「一かん」も、記録によると、江戸時代からあるのではなく、昭和時代の終わりに生まれたものようです。

（１）、数え方は、いろいろな発想をもって生みだすことができます。これまで受けつがれてきた言い方を正しく使っていくことは、もちろん大切ですが、一方で、新しいものを生みだせるという、言葉のじゅうなんさにも目を向けることが大切です。

① 家は何と数えますか。
（けん）

② マンションなどの大がたの集合住たくは何と数えますか。
（とう）

③ 近年、ごうかな建物を連想させる数え方は何ですか。
（てい）

④ にぎりずしの「一かん」という数え方はなんのために生まれたのですか。
（にぎりずしをおいしそうに数えるため。）

⑤ それはなんのために生まれたのですか。
（昭和時代の終わり）

⑥ （１）に入る言葉を選んで、○をつけましょう。
（○）このように
（　）そのかわり
（　）それなのに

⑦ 数え方で大切なことを二つ書きましょう。
（これまで受けつがれてきた言い方を正しく使うこと。）
（新しいものを生みだせるという、言葉のじゅうなんさにも目を向けること。）

[P.87] 短歌

名前　　　月　日

百人一首は、百人の人の短歌を一首ずつ（短歌は一首、二首と数える）集めたもので、かるたにもなっています。
短歌は、「和歌」ともいい、五・七・五・七・七の三十一音で作られています。

声に出して読んでみましょう。

● 天の原　ふりさけ見れば　春日なる　三笠の山に　出でし月かも
　　　　　　　　　　安倍　仲麻呂

意味　大空を見上げてみると月が見える。あれは故郷の春日の三笠の山に出た月だなあ。

● あらしふく　三室の山の　もみぢ葉は　竜田の川の　錦なりけり
　　　　　　　　　　能因法師

意味　あらしがふいて散った三室山のもみじの葉は、竜田川の水面にういて美しい錦のようになっている。

● 大江山　いく野の道の　遠ければ　まだふみもみず　天の橋立
　　　　　　　　　　小式部　内侍

意味　大江山から生野への道は遠いので、天の橋立までいったことはありません。し、（母からの）手紙も見ていません。

ことわざ

名前

月　日

「ことわざ」は、昔から人々の中で語り伝えられたことばです。生活の中でのかんたんな教えや、いましめ（やったらいけないことを注意すること）の意味をふくんでいます。

● 次のことわざの意味を国語辞典で調べましょう。また、ことわざを覚えて、生活の中で使ってみましょう。

笑う門には福来たる
いつも笑いがある家には、自然と幸福がめぐってくるという意味。

① 頭かくして　しりかくさず
〈例〉悪いことをして、それをかくしたつもりでも、その一部が表れているおろかさをわらって言う言葉。

② 急がば　回れ
〈例〉急ぐからといって、あぶない近道を行くより、少し遠回りでも安全な道を行ったほうが、けっきょく早く着くという意味。

③ ちりも　積もれば　山となる
〈例〉ちりのようなわずかなものでも、つみ重なれば山のように大きくなるものだという意味。

④ 能ある　鷹は　つめを　かくす
〈例〉ほんとうに実力のある人は、むやみに人の前で才能を見せびらかしたりしないという意味。

⑤ 人のふり　見て　我がふり　直せ
〈例〉ほかの人のおこないを見て、自分のおこないを反省し、悪いところはあらためよという意味。

⑥ 負けるが　勝ち
〈例〉のちのちのことを考えて、その場では勝ちを相手にゆずるほうが、あとの自分がとくをすることになり、結局は自分が勝ったことになるという意味。

学力の基礎をきたえどの子も伸ばす研究会

HPアドレス　http://gakuryoku.info/

常任委員長　岸本ひとみ
事務局　〒675-0032 加古川市加古川町備後 178-1-2-102 岸本ひとみ方 ☎・Fax 0794-26-5133

① めざすもの

　私たちは、すべての子どもたちが、日本国憲法と子どもの権利条約の精神に基づき、確かな学力の形成を通して豊かな人格の発達が保障され、民主平和の日本の主権者として成長することを願っています。しかし、発達の基盤ともいうべき学力の基礎を鍛えられないまま落ちこぼれている子どもたちが普遍化し、「荒れ」の情況があちこちで出てきています。

　私たちは、「見える学力、見えない学力」を共に養うこと、すなわち、基礎の学習をやり遂げさせることと、読書やいろいろな体験を積むことを通して、子どもたちが「自信と誇りとやる気」を持てるようになると考えています。

　私たちは、人格の発達が歪められている情況の中で、それを克服し、子どもたちが豊かに成長するような実践に挑戦します。

　そのために、つぎのような研究と活動を進めていきます。
　　① 「読み・書き・計算」を基軸とした学力の基礎をきたえる実践の創造と普及。
　　② 豊かで確かな学力づくりと子どもを励ます指導と評価の探究。
　　③ 特別な力量や経験がなくても、その気になれば「いつでも・どこでも・だれでも」ができる実践の普及。
　　④ 子どもの発達を軸とした父母・国民・他の民間教育団体との協力、共同。

　私たちの実践が、大多数の教職員や父母・国民の方々に支持され、大きな教育運動になるよう地道な努力を継続していきます。

② 会　　　員

・本会の「めざすもの」を認め、会費を納入する人は、会員になることができる。
・会費は、年 4000 円とし、7月末までに納入すること。①または②

①郵便振替　口座番号　00920-9-319769 　名　称　学力の基礎をきたえどの子も伸ばす研究会	②ゆうちょ銀行　　　　ゼロキュウキュウ 　店番099　店名〇九九店　当座0319769

・特典　研究会をする場合、講師派遣の補助を受けることができる。
　　　　大会参加費の割引を受けることができる。
　　　　学力研ニュース、研究会などの案内を無料で送付してもらうことができる。
　　　　自分の実践を学力研ニュースなどに発表することができる。
　　　　研究の部会を作り、会場費などの補助を受けることができる。
　　　　地域サークルを作り、会場費の補助を受けることができる。

③ 活　　　動

全国家庭塾連絡会と協力して以下の活動を行う。
・全 国 大 会　全国の研究、実践の交流、深化をはかる場とし、年1回開催する。通常、夏に行う。
・地域別集会　地域の研究、実践の交流、深化をはかる場とし、年1回開催する。
・合宿研究会　研究、実践をさらに深化するために行う。
・地域サークル　日常の研究、実践の交流、深化の場であり、本会の基本活動である。
　　　　　　　　可能な限り月1回の月例会を行う。
・全国キャラバン　地域の要請に基づいて講師派遣をする。

全 国 家 庭 塾 連 絡 会

① めざすもの

　私たちは、日本国憲法と子どもの権利条約の精神に基づき、すべての子どもたちが確かな学力と豊かな人格を身につけて、わが国の主権者として成長することを願っています。しかし、わが子も含めて、能力があるにもかかわらず、必要な学力が身につかないままになっている子どもたちがたくさんいることに心を痛めています。

　私たちは学力研が追究している教育活動に学びながら、「全国家庭塾連絡会」を結成しました。

　この会は、わが子に家庭学習の習慣化を促すことを主な活動内容とする家庭塾運動の交流と普及を目的としています。

　私たちの試みが、多くの父母や教職員、市民の方々に支持され、地域に根ざした大きな運動になるよう学力研と連携しながら努力を継続していきます。

② 会　　　員

本会の「めざすもの」を認め、会費を納入する人は会員になれる。
会費は年額 1500 円とし（団体加入は年額 3000 円）、7月末までに納入する。
会員は会報や連絡交流会の案内、学力研集会の情報などをもらえる。

事務局　〒564-0041　大阪府吹田市泉町 4-29-13　影浦邦方 ☎・Fax 06-6380-0420 郵便振替　口座番号　00900-1-109969　名称　全国家庭塾連絡会

国語習熟プリント　小学4年生　大判サイズ

2020年7月30日　発行

著　者　桝谷　雄三

編　集　金井　敬之

発行者　面屋　洋

企　画　フォーラム・A

発行所　清風堂書店

　　　　〒530-0057　大阪市北区曽根崎 2-11-16

　　　　TEL 06-6316-1460／FAX 06-6365-5607

振　替　00920-6-119910

制作編集担当　藤原　幸祐 ☆☆

表紙デザイン　ウエナカデザイン事務所　1032

※乱丁・落丁本はおとりかえいたします。